Inhalt

W0089883

Vorwort

Die vorliegenden Jugendgottesdienste sind in den Jahren 1992-2000 an der Kreuzkirche in Neuss-Gnadental entstanden und durchgeführt worden.

Erarbeitet wurden sie von den Teilnehmer(inne)n meiner Jugendgruppe, die in großer Treue und mit viel Engagement Woche für Woche zusammenkommen, um sich über kirchliche und theologische Themen zu informieren und miteinander zu diskutieren. Umfangreiche thematische Reihen und Bibelstudienabende münden regelmäßig in die Gestaltung von Jugendgottesdiensten, die bei uns am Sonntagmorgen gefeiert werden. Es sind Gottesdienste *von* Jugendlichen für Jugendliche, aber auch Gottesdienste *von* Jugendlichen für die ganze Gemeinde. Themenauswahl, Akzentsetzung, Erfindung von Spielszenen, Liedauswahl und das Schreiben von Texten und Gebeten, all das haben die jungen Leute und ehrenamtliche Jugendmitarbeiter(inne)n gemeinsam mit mir erdacht oder zusammengetragen. Die jugendliche Sprache, die bisweilen spürbar wird, ist daher originär und in der Drucklegung bewusst beibehalten worden.

Folgenden Personen gilt mein ganz persönlicher Dank in besonderem Maße. Sie sind lange Zeit mit ihren Ideen und Vorschlägen dabei gewesen. Ohne sie wären diese Entwürfe nicht zustande gekommen:

> Cordula Belke, Christian Brand, Jörg Bukowski, Ina Grothe, Kristina Köhler, Nicole Köneke, Janina Metz, Tobias Nettekoven, Barbara Nieskens, Mona Norrmann, Stefanie Schmitz, Marcel Ogrysek, Darius Pace, Stefanie Rieck, Susanne Schlicht, Sandra Schmidt, Wibke Schultz, Mareike Schultz, Katrin Schüttler, Benjamin Schwandner, Gregor Spitzer, Tobias Wagner, Stefan Wißkirchen, Anne Uehrlichs und Martina Weigelt;
> den vielen Ungenannten, vor allem den Konfirmandinnen und Konfirmanden, die nur kurz oder gelegentlich dabei waren;
> und ganz besonders unseren Kindern Deborah und Samuel Lehnert.

Zu danken habe ich auch dem Presbyterium der Ev. Kirchengemeinde Neuss-Süd, das unsere Experimentierfreudigkeit »in Sachen Gottesdienst« stets wohlwollend und mit großer »liturgischer Toleranz« begleitet und gefördert hat.

Die liturgische Grundform ist bewusst erhalten worden, denn wir wollten gerne neue Triebe an der alten Wurzel sprießen lassen, ohne diese aufzugeben, und wir finden, das geht sehr gut. Das neue Gottesdienstbuch (Erneuerte Agende der EKU und der VELKD) regt eine solche Verfahrensweise aufgrund seines vielfältigen, offenen und ökumenischen Ansatzes ja ausdrücklich an.

Die vorliegenden Gottesdienste verstehen sich einerseits als fertige Entwürfe, die genauso durchgeführt werden können, wie sie niedergeschrieben wurden. Andererseits können sie ebenso gut im Sinne eines »Baukastens« verwendet werden, aus dem Jugendgruppen etwas Neues basteln durch Erweitern, Verändern, Zuspitzen, Kürzen ...[1] Die beigefügten Literaturhinweise liefern Material. Der Entwurf »Der Heiland und das falsche Heil« bedarf, nicht zuletzt wegen seiner aktuellen Brisanz, besonders ausführlicher Vorbereitung. Wir fügen daher die verwendeten Materialien in größerem Umfang bei.

Die EG-Nummern beziehen sich auf das Evangelische Gesangbuch für Rheinland, Westfalen und Lippe.[2] Die neuen geistlichen Lieder stammen aus den verschiedensten Liederbüchern, die im Anhang aufgeführt werden.
Bei Texten, die mit Sternchen* versehen sind, wurde nur eine Auswahl verwendet.

Dem Hänssler-Verlag sei ganz herzlich gedankt für die außerordentlich freundliche Unterstützung hinsichtlich der verwendeten Lieder.

Neuss, im Herbst 2000   *Volker A. Lehnert*

---

[1]Gute Anregungen zur Gruppenarbeit bieten Tobias Faix, Tenniearbeit kreaktiv, Aussaat Verlag, Neukirchen-Vluyn 1999, und Bernhard Grom, Methoden für Religionsunterricht, Jugendarbeit und Erwachsenenbildung, Düsseldorf-Göttingen, [7]1985.

[2]Die Lieder und Texte finden sich auch auf folgender CD: EG – Evangelisches Gesangbuch elektronisch, Stammteil und alle Regionalteile Deutschlands und Österreichs, hg. v.d. EKD, erschienen in Deutsche Bibelgesellschaft Stuttgart, ISBN 3-438-01911-6.

JOHANN HINRICH WICHERN

DIE ERFINDUNG DES ADVENTSKRANZES

>> Wie ich die Deutschen kenne, werden sie den eigentlichen Anlaß bald vergessen – hängen dein Grünzeug aber weiter auf. <<

1. Zur Theologie

Johann Hinrich Wichern ist neben Theodor Fliedner die wichtigste Gestalt in der Geschichte der neuzeitlichen Diakonie. Gleichwohl ist er außerhalb kirchlicher Insiderkreise fast gänzlich unbekannt, zumal bei Jugendlichen, und das, obwohl sein Kranz in der Adventszeit in fast allen Haushalten zu finden ist – Grund genug, sich einmal mit Wichern zu befassen. Licht und Kranz sind Symbole für Gottes Liebe (vgl. Ps 27,1; Joh 8,12) und die eschatologische Überwindung des Dunkels dieser Welt (vgl. Offb 3,11). In Wicherns Werk wird dies sichtbar in der Errichtung des Rauhen Hauses als einer Heimstätte für verwaiste, obdachlose und verwahrloste Jugendliche. Das Licht auf dem Kranz steht metaphorisch für das Licht Jesu Christi in und durch Wicherns Handeln. Glaube ist immer in der Liebe tätig (Gal 5,6) oder er ist tot (Jak 2,17; vgl. Mt 25,31-46).

Bedauerlicherweise gibt es eine immer größer werdende Zahl zumindest emotional »verwaister« Jugendlicher, die zwar (noch nicht) in materieller Not sind, die aber Wärme und Liebe suchen und nicht finden, weil ihre Eltern Zeit- und Herzressourcen an anderer Stelle investieren. Unsere Gespräche haben gezeigt, dass die Gestalt Wichern zur Kristallisationsfigur ihrer Lebenswirklichkeit werden kann.

2. Zur Didaktik

Die Geschichte Wicherns muss erzählt werden. Symbolischer Anknüpfungspunkt ist der Adventskranz (volkskirchliche Lebenswelt). Existentieller Anknüpfungspunkt ist die Erfahrung der Verwahrlosung (Lebenswelt mancher Jugendlicher). Es soll der Zusammenhang entdeckt werden zwischen dem Christusglauben und seiner ethischen Umsetzung. Diakonie ist ein Auftrag der Gemeinde, auch der jungen Gemeinde.

3. Praktische Tipps zur Durchführung

3.1 Die Konfirmanden- oder Jugendgruppe fertigt einen originalgetreuen »Wichernadventskranz« auf einem Wagenrad an, der in der Adventszeit in der Kirche hängt.

3.2 Mitarbeiter/innen der nächstliegenden vergleichbaren diakonischen Einrichtung ansprechen. Sie schildern im Jugendkreis, was heute aus Wicherns Pionierarbeit geworden ist und wie sie sich weiterentwickelt hat.

3.3 Die Jugendlichen starten eine Umfrage in ihrem Familien- und Freundeskreis, wer etwas über die Entstehung des Adventskranzes weiß. Auch Relilehrer/innen interviewen!

3.4 Alle vier Adventssonntage unter dieses Thema stellen: 1. Advent: Familiengottesdienst; 2. Advent: Jugendgottesdienst; 3./4. Advent: Predigt. Evtl. werden Kollekten für entsprechende Einrichtungen umgewidmet. Die jeweiligen Vertreter werden zu den Gottesdiensten eingeladen.

4. Requisiten

Wichernadventskranz, altes Ofenrohr, Dampfmaschinen, Fotos von Fabriken und Elend, Werkzeug, alte schmutzige Lumpen, Strohsack, Holzkohle, Bambusstock, Tageslichtprojektor.

5. Literaturhinweise

Erich Beyreuther, Geschichte der Diakonie und Inneren Mission in der Neuzeit, Berlin 1983, 88-125.

Wilfried Brandt, Von Wichern lernen. Thesen aus dem Gespräch der heutigen Diakonie mit ihrem Gründer Johann Hinrich Wichern, in: Theologische Beiträge 4/98, 181-195.

Ulrich Heidenreich, Mut zur Tat. Johann Hinrich Wichern, Begründer der Inneren Mission, Hamburg 1997.

Dietrich Sattler (Hg.), Der Adventskranz und seine Geschichte. Bräuche und Feste in der Advents- und Weihnachtszeit, Hamburg 1997.

Wolfgang Schrage, Ethik des Neuen Testaments, NTD-Erg. 4, 69ff, 176ff, 202ff, 296ff.

Theodor Strohm, Diener und Helfer. Johann Hinrich Wichern (1808-1881), in: Evangelische Kommentare 2/95, 107-110.

PRAISE

Orgelvorspiel

Begrüßung

Lied: Wie soll ich dich empfangen (EG 11,1-3)
oder:
Das Volk, das im Finstern wandelt (EG 20)

Eingangswort

Psalm 85* (EG 736.2):
Könnte ich doch hören,
was Gott der Herr redet,
dass er Frieden zusagte seinem Volk und seinen Heiligen,
damit sie nicht in Torheit geraten.
Doch ist ja seine Hilfe nahe denen, die ihn fürchten,
dass in unserem Lande Ehre wohne;
dass Güte und Treue einander begegnen,
Gerechtigkeit und Friede sich küssen;
dass Treue auf der Erde wachse
und Gerechtigkeit vom Himmel schaue;
dass uns auch der Herr Gutes tue,
und unser Land seine Frucht gebe;
dass Gerechtigkeit vor ihm her gehe
und seinen Schritten folge.

Gem.: Ehr sei dem Vater (EG 177)

Gebet:
Gott, immer wieder wollen wir die großen Probleme der Welt lösen,
aber die Not neben uns, um die Ecke und in der nächsten Straße, die sehen wir nicht.

Gott, immer wieder beteuern wir, alles würde besser, wenn sich die anderen endlich änderten,
aber dass auch wir zum Schlechten beitragen, sei es durch Selbstherrlichkeit, sei es durchs Augen-Verschließen, das sehen wir nicht.
Gott, immer wieder finden wir Gründe, vor dir und vor uns selbst, warum wir geschwiegen haben, nicht hingegangen sind, alles ließen, wie es ist,
aber dass wir dadurch schuldig werden, das sehen wir nicht ein.
Dazu brauchen wir dich. Herr, erbarme dich.
Gem.: Herr, erbarme dich (EG 178.10)

So schreibt Johannes: Wer sagt, er sei im Licht, und hasst seinen Bruder, der ist noch in der Finsternis. Wer seinen Bruder liebt, der bleibt im Licht (1. Joh 2,9f).

Gem.: Allein Gott in der Höh sei Ehr (EG 179,1-2)

Jugendchor: Gott kommt zu uns (in: Die Freude wirft ihr Licht voraus, hg. v. K. Heizmann, 2/1980, 34)

Lesung: Lukas 21,25-33 (oder die Lesung des entsprechenden Sonntags)

Lied: Mit Ernst, o Menschenkinder (EG 10)

MESSAGE

Szene 1: Elend im 19. Jahrhundert

Der Kirchraum wird als Fabrik des 19. Jahrhunderts gestaltet: Dampfmaschinen, Ofenrohr, Foto einer Fabrik auf Folie als Hintergrund projizieren, Industriezubehör, Bambusstock, Holzkohle, Werkzeug liegt herum ...

Zwei Arbeiter arbeiten und stöhnen und maulen ...

A1: Puh ... ist das eine elende Plackerei ... Schuften, Schuften, Schuften ... miese Arbeit ... schlechter Lohn ... die Familie den ganzen Tag allein ... das Geld reicht hinten und vorne nicht ... und wer hilft uns? Keiner!... Auch die Kirche nicht ... Ist alles nur Blabla ...

Sie arbeiten gequält weiter.

A2: Ich habe da was gehört ... eine kommunistische Bewegung ist im Kommen ... sie wird uns helfen ... die Reichen werden enteignet ... und dann ... ho ho ...

Vorarbeiter taucht auf, schlägt mit dem Rohrstock auf das Ofenrohr und brüllt:

V: Zack zack ... ein bisschen dalli ... Hier wird gearbeitet und nicht gequasselt ...!

Alle Spieler ab.

Szene 2: Johann Hinrich Wichern

Bild von Wichern vergrößert an einer Stellwand; Text aus Beyreuther, aaO., 89/91.

Pfarrer/in: Kurzkommentar zu Szene 1 und Überleitung zu WICHERN. Er/Sie verweist auf das Bild.

Jugendliche/r liest den Text aus Beyreuther, hier etwas verkürzt. Besser: eine/r erzählt frei:
(Texte können von den Jugendlichen evtl. bearbeitet werden)

»Johann Hinrich Wichern ist auf einem merkwürdigen Weg auf die Höhe seines Lebens und Auftrages geführt worden. In unruhevoller Zeit, als die französischen Truppen bereits Hamburg besetzt hielten, wurde er am 21. April 1808 als ältestes Kind des kaiserlichen Notars ... Johann Hinrich Wichern geboren. Der Vater ... hatte sich vom Mietkutscher zum kaiserlichen Notar hochgearbeitet... Doch die Wirren der napoleonischen Kriege ... vereitelten einen finanziellen Lebenserfolg. Es war darum ein furchtbarer Schlag, als der ... herzensfromme Vater im Jahre 1823 an Schwindsucht starb. Die Tagebucheinträge des jungen Johann Hinrich verraten die tiefe Erschütterung, die noch jahrelang nachklang.«

Wicherns Wirken begann in Hamburg. Dort hatte sich Pastor »Rautenberg als erster angesichts der erschreckenden Verwilderung unter dem großstädtischen Proletariat zu einer wirklich sozialen Tat aufgerafft. Die Zeit der hässlichen Anfeindungen der *Sonntagsschularbeit an den ärmsten Kindern* der Stadt im Senat durch die Mehrheit der rationalistisch gesonnenen Hamburger Pastoren, die bis zur polizeilichen Überwachung des Unterrichts führten, war inzwischen abgeklungen. Man suchte einen neuen Oberlehrer und Schulleiter für die durch freiwillige Schulhelfer betreute Sonntagsschule und wählte den jungen Wichern einstimmig zu diesem Amt. Pfarrer Rautenberg hatte mit diesen Sonntagsschulhelfern einen *Besuchsverein* gegründet, der die Familien der teilnehmenden Kinder aufsuchte. *Hier tat sich für Wichern eine entsetzliche Elendswelt auf, und er gewann Einblick in sie, wie sie außer in Hamburg wohl damals kaum zu gewinnen war.«*

Jugendchor: Es werde Licht (in: D. Jöcker, Licht auf meinem Weg, 1986, 6)

Szene 3: Arme Kinder

Mehrere Spieler, Strohsack

Jugendliche/r liest Text aus Beyreuther, 92:
(Figuren werden von Jugendlichen pantomimisch dargestellt)

»Wichern erkannte die Aussichtslosigkeit, sittlich bedrohten Kindern in der Sonntagsschule durchgreifend zu helfen, wenn sie im Bannkreis ihrer zerrütteten Familie bleiben. Was hatte er denn gesehen?«
– »In einer Lumpensammlerfamilie schliefen vier Personen auf einem Strohsack unter einer Decke« ... > als lebendes Bild mit Kostümen darstellen
– »Knaben banden ihre zerlumpten Sachen mit Bindfäden zusammen« ... > dto.
– »Ein sechzehnjähriges Mädchen hatte sich seit seinem fünften Lebensjahr ohne jede Aufsicht herumgetrieben« ... > dto.

- »Kinder wuchsen ungetauft, unkonfirmiert und ohne Schulunterricht auf« ... > dto.
- »Wenn junge Burschen mit jungen Mädchen zusammenliefen, dann unterblieb fast selbstverständlich die Trauung« ... > dto.
- »Einen zwanzigjährigen jungen Mann fand Wichern mit einem sechszehnjährigen Mädchen und mit einer öffentlichen Dirne zusammen hausen« ... > dto.
- »Kindesmisshandlungen fielen nicht auf« ... > dto.

Jugendchor: Wie viele Straßen? (in: Sein Ruhm – unsere Freude, Nr. 215)

1. Wie vie - le Stra - ßen auf die — ser Welt sind Stra - ßen voll Trä - nen und Leid? ———

Wie vie - le Mee - re auf die — ser Welt sind Mee - re der Trau — rig - keit? ————

Wie-vie-le Müt - ter sind lang schon al - lein und war - ten und war - ten noch heut? —— R. Die

Ant -wort mein Freund weiß ganz al - lein der Herr. Die Ant-wort weiß Chri-stus, un-ser Herr. ———

2 Wie viele Menschen sind heut noch nicht frei und würden es so gerne sein? /
Wie viele Kinder gehn abends zur Ruh und schlafen vor Hunger nicht ein? /
Wie viele Tränen verflossen zur Nacht, wann wird es bei uns anders sein?

3 Welch große Berge von Geld gibt man aus für Bomben, Raketen und Tod? /
Welch große Worte macht heut mancher Mann und lindert damit keine Not? /
Welch großes Unheil muß erst noch geschehn, damit sich die Menschheit besinnt?

Szene 4: Wichern im Sonntagsschulverein

Versammlung hoher Herren, Pult, Wichern (Text: Beyreuther, 92)

Wichern tritt auf und hält eine Rede an die Öffentlichkeit:

»Meine Herren, es geht nicht an, dass unsere Jugend verwahrlost durch Hamburg läuft. Das darf eine christliche Gesellschaft weder dulden noch zulassen. Wir müssen etwas unternehmen. Wir werden beten und handeln, Gottes Wort ernst nehmen und Geld sammeln, glauben und arbeiten. Lasst uns ein Waisenhaus gründen ... einen Ort, an dem wenigstens ein kleines Licht für diese Kinder leuchtet!«

Versammlung (Gemeinde) applaudiert.

Szene 5: Das Rauhe Haus

Bild »Rauhes Haus« wird an die Stellwand projiziert.

Jugendliche/r liest Text aus Beyreuther, 92-93:

»Der Wille, ein Rettungshaus zu gründen, wuchs von diesem Tag an im Besuchsverein ... In dem zwanzig Jahre älteren *Senator Dr. Karl Sieveking*, einem Mann des Glaubens und der Liebe, gewann Wichern den treuesten Freund. Innerhalb seines eigenen großen Grundbesitzes stellte Sieveking einen weiten Garten mit einer kleinen strohbedeckten Bauernkate für das Rettungswerk zur Verfügung. Das baufällige Häuschen trug seit undenklicher Zeit den Namen: ›Das rauhe Haus‹. Am 30. April 1833 zog Wichern mit seiner Mutter, seiner Schwester und einem seiner jüngeren Brüder unter das Strohdach des Rauhen Hauses ein.«

Ein/e andere/r Jugendliche/r liest / erzählt weiter:

»Wenige Tage später kamen die ersten drei Knaben, die zu den verkommensten Kindern der Stadt gehörten. Einer unter ihnen, ein sechzehnjähriger Bursche, dessen Sprachschatz nur aus wenigen Worten bestand, hatte bisher in einer schauerlichen Umgebung gelebt. Bis zum Jahresende waren zwölf Knaben im Alter von fünf bis achtzehn Jahren in der Hütte ... Einer von ihnen hatte sich in seinem zwölften Lebensjahr vor der Polizei zu 92 Diebstählen bekannt ... An diesen Kindern erwarb der junge Wichern den Ruhm eines ›großen Menschenbändigers‹. *Das Rauhe Haus ... wurde die Wiege der berühmtesten Rettungsanstalt und das Geburtshaus der Inneren Mission.*«

Kurzpredigt (Stichworte): Zusammenhang von Wort und Tat, Glaube und Liebe – Kirche und Diakonie – Mt 25,40; Mt 18,5 – Verweis auf ähnliche Einrichtungen in Ortsnähe und evtl. auf die Kollekte ...

Jugendchor: Der Tag vergeht (T: Johannes Jourdan, M: Siegfried Fietz, © ABAKUS Musik Barbara Fietz, 35753 Greifenstein)

2 Der Abend kommt, die Zeit hält niemals ein, / sie geht dahin, sie geht dahin. / Still fragt die Nacht: Wie wird das Ende sein? / Was ist der Sinn? Was ist der Sinn? / Was man verdrängt und dennoch ahnt, ist Gottes Stimme, die uns mahnt. / In seiner Hand ist Ende und Beginn.

3 Dein Blick wird blind, nah ist der Horizont. / Es stockt dein Fuß. Es stockt dein Fuß. / Dann strahlt von dort, wo Gott, der Vater wohnt, / ein Stern zum Gruß, ein Stern zum Gruß. / Wer du auch bist, du bist sein Kind, und wer ihn anruft, der gewinnt, / weil man ihm trauen darf und muß.

Szene 6: Wicherns Adventskranz

Material: Dietrich Sattler (Hg.), Der Adventskranz und seine Geschichte, 8-9.

Ein für diesen Gottesdienst angefertigter historischer Wichern-Adventskranz (Wagenrad mit 23 Kerzen ohne Grün) wird aufgehängt bzw. von der Decke heruntergelassen.

Jugendliche lesen aus Sattler oder tragen frei vor:

J1: »Der erste Adventskranz in Deutschland war ein schlichter, runder Holzleuchter [mit 23 Kerzen]. Aber schon bald nahm er die heute vertraute Gestalt an. 1851 wurde der Betsaal des Rauhen Hauses mit frischen Tannen geschmückt. Neun Jahre später verzierten die ›Rauhhäusler‹ ihren wagenradgroßen Kranz mit grünen Zweigen. Bis zum letzten Adventstag hing er in der Mitte des Saales. Weihnachten löste ihn ein ›18 Fuß‹ hoher und reich geschmückter Christbaum ab, der zur Freude von Wichern nach dem ›Harz der frisch gewundenen Winterkränze‹ duftete.«

J2: »Wann und wie sich der Rauhhäusler Adventskranz in Deutschland verbreitet hat, ist historisch schwer zu ermitteln. Denkbar ist durchaus, dass zu gleicher Zeit in anderen Gegenden ebenfalls Adventskränze aufgehängt wurden. Dass besonders evangelische Kreise den Brauch ... aufgriffen, verdanken wir den von Wichern ausgebildeten Diakonen, die an ihren Arbeitsstätten in Gemeinden und Einrichtungen der Inneren Mission die Adventstradition des Rauhen Hauses fortsetzten.«

Pfarrer/in (kurzer Abschluss): Ja, und auf diese Weise schmückt der Adventskranz heute noch fast alle Wohnungen in unserem Land. Damit er auch wieder an Wichern und seine Sache erinnert, dazu haben wir euch heute zu diesem Gottesdienst eingeladen ...

CREDO

BLESSING

Kollektenansage (für eine ähnliche diakonische Einrichtung in Ortsnähe)

Während des Einsammelns Lied (Kanon): Mache dich auf und werde Licht (EG 537)

Fürbittengebet (vorgetragen durch Bewohner dieser Einrichtung):
Herr, wir haben heute etwas über einen besonderen Mann gehört, der sich gegen das Elend der Menschen stellte und vielen jungen Leuten mit der Gründung des Rauhen Hauses ein neues Zuhause gab. Sein Werk hat sich bis heute erhalten. Die Diakonie beschäftigt viele Menschen und bietet die unterschiedlichsten Hilfeleistungen an, die auch heute noch benötigt werden. Dafür danken wir dir.

Herr, wir bitten dich für alle Menschen, die sich, wie Wichern, mutig und phantasiereich gegen das Elend stellen, dass du ihre Arbeit segnest.

Herr, in diesem Sommer haben wieder viele Jugendliche keinen Ausbildungsplatz bekommen. Wir bitten dich, dass sie im kommenden Jahr diesen Schritt in eine solide Zukunft gehen können.

Herr, wir bitten für uns, dass wir deinen Willen erkennen und mutig darangehen, dein Gebot der Nächstenliebe zu erfüllen.

Hier evtl. weitere aktuelle Fürbitten anschließen oder nachfolgendes Wechselgebet:

Alle: Herr, unser Gott: Wir brauchen dich!

Einer:
Allein habe ich Angst. Aber du bist bei mir.

Allein bin ich traurig. Aber du kannst mich trösten.
Allein muss ich weinen. Aber du lässt mich lachen.
Allein muss ich sterben. Aber du lässt mich leben.

Alle: Wir danken dir, dass du bei uns bist. Herr, unser Gott: Wir brauchen einander!

Einer:
Allein habe ich Angst. Aber gute Menschen machen mir Mut.
Allein bin ich traurig. Aber gute Menschen machen mich fröhlich.
Allein muss ich weinen. Aber gute Menschen helfen mir weiter.

Alle: Herr, wir danken dir, dass wir gute Menschen kennen. Herr, unser Gott: Die anderen brauchen uns!

Einer:
Allein haben sie Angst. Aber ich mache ihnen Mut.
Allein sind sie traurig. Aber ich mache sie fröhlich.
Allein müssen sie weinen. Aber ich helfe ihnen weiter.

Alle: Herr, wir bitten dich: Mach uns zu Menschen, die deinen Willen tun und für die anderen da sind. Herr, unser Gott: Du gebrauchst uns!

Einer:
Du allein hast die Macht. Aber du gebrauchst uns als deine Helfer.
Du allein bist die Liebe. Aber du gebrauchst uns, um Menschen zu lieben.
Du allein bist der Friede. Aber du gebrauchst uns als Friedensboten.

Alle: Herr, wir bitten dich: Mach uns zu Menschen, die du gut gebrauchen kannst.

(aus: Klaus Burba [Hg.], Ich möchte beten – aber wie? Nr. 92)

Oder anderes Wechselgebet:

Gruppe 1: Einer trage des anderen Last.

Gruppe 2: Lasten gibt es viele zu tragen.

Einer: Die einen belastet Hunger und Not, der anderen Last heißt Krankheit und Tod; die einen belastet Trauer und Leid, der anderen Last heißt Einsamkeit; die einen belastet Versagen und Schuld, eine andere Last heißt Ungeduld.

Gruppe 2: Lasten gibt es viele zu tragen.

Gruppe 1: Einer trage des anderen Last.

Gruppe 2: Christus hilft uns, die Lasten zu tragen.

Einer: Herr, wir bitten dich: Gib uns offene Augen und Ohren, damit wir die Lasten der anderen erkennen, gib uns Phantasie und Liebe, damit wir die Lasten der anderen gut tragen, gib uns Kraft und Ausdauer, damit wir die Lasten der anderen nicht fallen lassen.

Gruppe 2: Christus hilft uns, die Lasten zu tragen.

Gruppe 1: Einer trage des anderen Last.

Einer: Christus spricht: Komm her zu mir, meine Liebe gebe ich dir. Aufatmen kannst du und fröhlich sein, meine Liebe wird dir nicht lästig sein.

Gruppe 1: Einer trage des anderen Last.

Alle: Amen.

(aus: Klaus Burba [Hg.], Ich möchte beten – aber wie? Nr. 95)

Vaterunser

Jugendchor: Und des Weinens Stimme wird vergehen (in: Gottesklang, Das kleine Liederbuch, 93)

Segen

Orgelnachspiel

Orgelvorspiel

Begrüßung

Lied: Wie soll ich dich empfangen (EG 11,1-3)

Eingangswort

Psalm 85 (EG 736.2)
  Ehr sei dem Vater

Gebet
  Herr, erbarme dich

Gnadenspruch
  Allein Gott in der Höh sei Ehr

Jugendchor: *Gott kommt zu uns*

Lesung: Lk 21,25-33

Lied: Mit Ernst, o Menschenkinder (EG 10)

ANSPIEL:
Szene 1: Elend im 19. Jahrhundert
Szene 2: Johann Hinrich Wichern
        Jugendchor: *Es werde Licht*
Szene 3: Arme Kinder
        Jugendchor: *Wie viele Straßen?*
Szene 4: Wichern im Sonntagsschulverein
Szene 5: Das Rauhe Haus
        Jugendchor: *Der Tag vergeht*
Szene 6: Wicherns Adventskranz

CREDO

Kollektenansage

Lied (Kanon): Mache dich auf und werde Licht (EG 537)

Fürbitten

Vaterunser

Jugendchor: Und des Weinens Stimme wird vergehen

Segen

Orgelnachspiel

DER HEILAND UND DAS FALSCHE HEIL

KIRCHLICHER WIDERSTAND IM DRITTEN REICH

1. Zur Theologie

Ein Jugendgottesdienst zum Kirchenkampf? Dazu noch in der Adventszeit? Das mag Sie vielleicht verwundern, aber es macht durchaus Sinn. Erstens zeigt die jüngste Entwicklung, wie die unter »Thema Gewalt« aufgeführten Studien belegen, eine zunehmende Gewaltbereitschaft unter Jugendlichen; zweitens führt u.a. das ungelöste Problem der hohen Kriminalität unter ausländischen Jugendlichen, wie *Pfeiffer* gezeigt hat[3] und wie es Bundespräsident *Johannes Rau* in seiner »Berliner Rede« neu ins Bewusstsein gerufen hat[4], zu einer politischen Haltung unter Jugendlichen, die nicht gerade vor Integrationsfreudigkeit strotzt, vorsichtig ausgedrückt. Besonders in den neuen Bundesländern[5], aber nicht nur dort, ist zurzeit ein neues Aufflammen rechtsradikaler Tendenzen zu beobachten. Die Pressemeldungen der letzten Monate dokumentieren das – höchste Zeit also, das Thema Nationalsozialismus auch in der kirchlichen Jugendarbeit aufzuarbeiten. Theologisch geht es um das erste Gebot (2. Mose 20,3). Wenn Gott, der Herr, letzte Autorität ist, dann kann es der Mensch eben

---

[3]*Christian Pfeiffer / Peter Wetzels,* Zur Struktur und Entwicklung der Jugendgewalt in Deutschland – Ein Thesenpapier auf Basis aktueller Forschungsbefunde, Kriminologisches Forschungsinstitut Niedersachsen, 1999.
[4]Zur Rede *Johannes Raus* vgl. DER WEG 22, 28.5.2000.
[5]Vgl. *Ursula Schabert,* »Mit denen kannst du nicht diskutieren«, in DER WEG 10, 5.3.2000.

gerade *nicht* sein. Die Diskussion um das alttestamentliche Königtum (1. Samuel 8-12) liefert hier jede Menge theologisches Material für vorbereitende Gespräche[6]. Neutestamentlich wird die Diskrepanz zwischen Römer 13,1-7 (Anerkennung der Obrigkeit Roms) und Offenbarung 13 (Warnung vor der Obrigkeit Roms) herauszuarbeiten sein[7].

2. Zur Didaktik

Der didaktische Anknüpfungspunkt besteht in der Aufnahme der neuen öffentlichen Diskussion um den Rechtsextremismus, die ja an Jugendlichen nicht vorbeigeht. Außerdem scheint es, als ginge die *lebendige* Erinnerung an diese dunkle Zeit nun langsam endgültig verloren. Die jetzigen Großeltern waren selbst noch Kinder, die Urgroßeltern sind in den meisten Familien verstorben. Hier gilt es wachsam zu sein, denn NS-Deutschland wird dadurch de facto zu *einem* Thema des Geschichtsbuches unter vielen. Erkennbar wird das unter anderem dadurch, dass immer häufiger KZ- und Judenwitze zu hören sind, auch von Jugendlichen, die dem Rechtsextremismus innerlich ganz ferne stehen, und das ist die Mehrheit. Die Erinnerung verblasst allmählich und ein neuralgisches Thema »enttabuisiert« sich von allein. Was aber wirklich war, wissen viele Jugendliche so ganz genau dann doch nicht. Dieses Thema im Advent zu bearbeiten bietet sich an, denn jetzt geht es um die Frage, wer denn der ist, der da kommen soll...

3. Praktische Tipps zur Durchführung

3.1 Kommunalpolitiker/innen aus den Jugendverbänden der demokratischen Parteien einladen.
3.2 In der Gemeinde nach Zeitzeugen fragen, die der Bekennenden Kirche nahe standen und bereit sind, mit Jugendlichen zu diskutieren.
3.3 Einen soliden Überblick über die Zeit erarbeiten. Die beigefügten Notizen und Materialien bieten eine gute Arbeitsgrundlage.
3.4 Die Barmer Theologische Erklärung ist im neuen Gesangbuch (EG 858) abgedruckt. Dieser Gottesdienst bietet die Chance, sie der Gemeinde einmal nahe zu bringen.
3.5. Gemeinsamer Besuch des Films »Bonhoeffer – die letzte Stufe«.

---

[6]Einen guten Überblick gibt A.H.J. Gunneweg / W. Schmithals, Herrschaft, 46ff.
[7]Zu Röm 13 vgl. besonders die Ausführungen in K. Haacker, Paulus, 38-42, und ders., Der Brief des Paulus an die Römer, 261-275.

4. Materialien

KIRCHLICHER WIDERSTAND IM DRITTEN REICH
(Kurz-Info nach: *Hans-Walter Krumwiede,* Geschichte des Christentums III, 211ff.)

I. Die Entwicklung bis zum Beginn des Kirchenkampfes

Der Versailler Vertrag und die Weltwirtschaftskrise 1931/32 führten zum Erstarken des Nationalsozialismus. (NSDAP 37,8 % am 31.7.32.)

1929 Gründung der sog. *Deutschen Christen* (DC) als nationalsozialistische Kirchenbewegung, in Berlin. Die Richtlinien schlossen sich an das Programm Hitlers an:
- gegen: Parlamentarismus, Marxismus, Zentrum, Pazifismus und Judenmission
- für: Rasse, Volkstum und die als »göttliche Lebensordnung« verstandene Nation.

1933 Machtergreifung Hitlers. Reichspräsident Hindenburg berief ihn zum Reichskanzler. Seit der sog. »Ermächtigung« begann die Gleichschaltung im »totalen Staat«. Auflösung von Gewerkschaften, Länderhoheit und anderer Parteien. Hitler wollte auch die evangelische Kirche gleichschalten, was aber nicht gelang.
Die offizielle evangelische Kirche (Deutscher Ev. Kirchenbund) stand der neuen Regierung sehr skeptisch gegenüber.

»Wort und Bekenntnis Altonaer Pastoren in der Not und Verwirrung des öffentlichen Lebens« (11.1.33):

Der »Traum von dem kommenden irdischen Weltreich der Gerechtigkeit, des Friedens und der allgemeinen Wohlfahrt« sowohl in der pazifistischen wie der marxistischen Konzeption einer »klassenlosen Gesellschaft ohne Hunger, Mühsal und Leid« als auch in der nationalsozialistischen eines »nationalen Zukunftsstaates völliger Gerechtigkeit und Artgemäßheit« wird verworfen, weil damit die von Gott gesetzte Grenze verleugnet, das politische Handeln verfälscht und die Erlösung durch Christus gering geachtet wird. Der Staat wird an seine Aufgabe gemahnt, das Leben der Untertanen zu erhalten und zu schützen. Dabei wird eingeschärft, dass das politische und soziale Handeln an Gottes Gebote gebunden ist, welche die Ausbeutung der Menschen und den Raub der Ehre als politisches Propagandamittel verbieten.

Hitler im April 1933:
Wie der Faschismus in Italien wollte er zunächst Frieden mit der Kirche schließen, auf das Ende gesehen aber »mit Stumpf und Stiel, mit allen seinen Wurzeln und Fasern das Christentum in Deutschland ausrotten«, und zwar durch die Erziehung der Jugend und die Pflege des im bäuerlichen Brauchtum noch vorhandenen Heidentums.

9.5.33: Bildung der Jungreformatorischen Bewegung unter der Leitung von *Walter Künneth, Hans Lilje* und *Martin Niemöller*: Maßstab für alles müsse das Evangelium bleiben, bei allem »freudigen Ja zum neuen deutschen Staat«.

Um den reformierten Theologen *Karl Barth* bildete sich eine Gruppe, die Kirchenthesen veröffentlicht: Die Kirche darf nicht die Stimme eines Fremden hören (Joh 10). Die politische Entwicklung ist nicht »von Gott«.

Konkordat der katholischen Kirche (1933): Hitler wollte die skeptische katholische Kirche politisch ausschalten:
Geistliche werden Staatsbeamten gleichgestellt, Eigentumsrechte wurden gewährleistet, Verbände geschützt, für Geistliche politische Mitwirkung ausgeschlossen (!), Zentrum und Gewerkschaften aufgelöst, Bischöfe mussten einen Treueeid auf die Regierung leisten (!).

Der Kampf gegen die Juden:

Juden wurden als »Verkörperung des Bösen« und »Feinde der germanischen Rasse« dargestellt. 1933 gab es ½ Million Juden im Dt. Reich = 1% der Bevölkerung.
1.4.: Ausschreitungen gegen jüdische Kaufleute, Ärzte und Anwälte
7.4.: Arierparagraph: gegen jüdische Beamte
15.9.35: Nürnberger Rassengesetzgebung, Rechte wurden entzogen
9./10.11.38: Reichskristallnacht nach dem Attentat des polnischen Juden Herschel Grynspan auf den deutschen Gesandtschaftsrat vom Rath in Paris

Keine der Kirchen trat offiziell für die Juden ein. Nur *Dietrich Bonhoeffer* mit seinem Vortrag von 1933: »Die Kirche vor der Judenfrage«. Die Kirche solle nicht nur die Opfer unter dem Rad verbinden, sondern dem Rad in die Speichen fallen (!). Ebenfalls 1933: Flugblatt gegen den Arierparagraphen. Betheler Bekenntnis: Sympathie mit den Judenchristen. So auch Barth.

5./6.9. 1933: Einführung des Arierparagraphen durch die DC in der evangelischen Kirche. Daraufhin:
– Gründung des *Pfarrernotbundes* durch Martin Niemöller

- *Gutachten der Theologischen Fakultät Marburg*
- *Erklärung deutscher Neutestamentler*
- *Erlanger Gutachten*
- Bonhoeffers Wunsch, ein Ev. Konzil zur Judenfrage einzuberufen, wurde nicht erfüllt
- 1. Bekenntnissynode in Barmen

28.5.1936: *Denkschrift* der DEK (von Hitler gleichgeschaltete Ev. Reichskirche): Nächstenliebe steht gegen Antisemitismus.

Die Bekennende Kirche schuf das *Büro Grüber,* das Juden unterstützte. Die DEK ließ 1941 verlautbaren, dass Jüdisches aus der Kirche fern zu halten sei. Damit standen sich zwei Fronten innerhalb der Kirche gegenüber: die offiziell »gleichgeschaltete DEK mit ihrem Reichsbischof« und die antifaschistische »Bekennende Kirche um *Barth, Bonhoeffer* und *Niemöller.*« Der so genannte »Kirchenkampf« begann.

II. Der Kirchenkampf

Die Reichsidee führte zur Idee einer einheitlichen evangelischen Kirche = Ev. Reichskirche.

Gesetz vom 31.3.33 zur »Gleichschaltung der Länder mit dem Reich«. Einige Bischöfe begannen mit der Gleichschaltung der Kirchen. Hitler ernannte den Königsberger Wehrkreispfarrer *Ludwig Müller* zum Bevollmächtigten für Angelegenheiten der evangelischen Kirche mit dem besonderen Auftrag der »Schaffung einer Reichskirche«.

Bei der Wahl zum Reichsbischof am 26./27.5.33 wählten die Bevollmächtigten der Landeskirchen aber *Friedrich von Bodelschwingh,* Leiter der Betheler Anstalten.
Durch Protest der DC und die Beurlaubung kritischer Theologen wurde Bodelschwingh im Juni zum Rücktritt genötigt. Der designierte »Reichsbischof Müller« besetzte mit SA-Truppen die Gebäude des Kirchenbundes und installierte die Verfassung einer Reichskirche.
Die Kirchenwahlen wurden massiv manipuliert. Überall gewannen die DC, außer in Bayern und in Westfalen, dort gewannen »Evangelium und Kirche«.

Niemöllers *Pfarrernotbund* bekam bis zum Januar 1934 7000 Mitglieder = 50% aller im Amt befindlichen evangelischen Pfarrer in Deutschland.

Am 27.9. wählte die Nationalsynode Ludwig Müller zum Reichsbischof. Nun begann der Kampf um die Seele des Volkes:
Sportpalastkundgebung am 13.11.: Ausschluss alles Jüdischen aus der Kirche. Darüber zerfielen sogar die DC!

In der Synagoge in Baden-Baden zwang die SS die versammelten Juden, ihre Hüte abzunehmen, Nazilieder zu singen, Turnübungen zu machen und im Chor zu sprechen: »Wir sind ein dreckiges, filziges Volk.«

Alfred Rosenberg wurde mit Propaganda beauftragt: Der Mythos des 20. Jahrhunderts.

4.1.34: Maulkorberlass: Alle politische Betätigung auf der Kanzel wurde verboten.

Einige Landeskirchen unterwarfen sich. Die Bekennende Kirche plante Synoden. Sie verstand sich nach dem Eingliederungsgesetz von 1934 als die »wahre evangelische Kirche in Deutschland«.

Die *katholische Kirche* nahm die Rechtsbrüche des Staates auch nicht länger hin. 1937 erschien die Enzyklika *Mit brennender Sorge:* Die Versprechungen des Konkordats haben sich nicht erfüllt, die Nazis wollen die Kirche vernichten. Volk, Rasse, Macht etc. werden »vergötzt«.

III. 1939-1945

1. Anlässlich der Sudetenkrise im September 1938 veröffentliche die evangelische Kirche eine »Agende eines Bußgottesdienstes anlässlich drohender Kriegsgefahr. Sie wurde innerhalb der SS veröffentlicht und politisch als Angriff auf das Regime verstanden. Die Autoren wurden mit KZ bedroht. Wesentliche Teile der Kirche distanzierten sich daraufhin von der Agende.

2. Seit 1939 befahl Hitler, alle psychisch Kranken zu töten. Bis 1941 wurden über 70000 Menschen umgebracht. Der württembergische Bischof *Wurm* und der Münsteraner katholische Bischof *Graf Galen* protestierten. *Friedrich von Bodelschwingh* verhinderte die Durchführung der Euthanasie in den Anstalten von Bethel.

3. In Polen wurden ca. 3500 katholische Priester ermordet.

IV. Dietrich Bonhoeffer

Am aktiven Widerstand beteiligten sich die Kirchen kaum. Eine Ausnahme war DIETRICH BONHOEFFER (1906-1945).

27

Bonhoeffer-Biographie

4.2.06: geboren als 6. von 8 Geschwistern in Breslau

1923: Theologiestudium in Tübingen, Rom und Berlin

1927: Promotion mit *Sanctorum Communio*

1928: Vikar in Barcelona

1930: Juli: 2. Examen; Habilitation mit *Akt und Sein*
  September: Studienjahr in New York –
  NSDAP verzeichnet Zuwachs von 12 auf 107 Mandate

1931: 2 Wochen bei Karl Barth in Bonn
  Studentenpfarrer und Dozent der Uni Berlin
  Sekretär für ökumenische Jugendarbeit (von national gesinnten Theologen missbilligt)

1933: Hitler Reichskanzler; Vortrag: *Die Kirche vor der Judenfrage*
  Schwager Hans von Dohnanyi persönlicher Referent beim Justizminister
  Oktober: Antritt des Pfarramtes in London

1935: Leiter des Predigerseminars Finkenwalde bei Stettin
  Himmler-Erlass gegen die illegale BK-Ausbildung

1937 Lehrverbot für die Uni; Polizei versiegelt Finkenwalder Haus;
  es erscheint sein Buch »Nachfolge«

1938: Ausweisung aus Berlin, Auslandsreisen; erste Kenntnisse von Umsturzplänen

1940: Redeverbot. Zur Abwehrstelle München eingeschleust durch Schwager H. von Dohnanyi als »ziviler V-Mann der Münchner Abwehrstelle«

5.4.43: Verhaftung mit H. von Dohnanyi nach Tegel. Bei der Durchsuchung des Amtes Canaris findet man belastendes Material. Anklage: Zersetzung der Wehrkraft – Verhandlung immer wieder verschoben

9.4.45: Im KZ Flossenbürg gehängt

Bonhoeffer – der politische Theologe

– Die »Nachfolge« (1937):
Glauben heißt *tun*, was Gott will. Alles andere wäre »billige Gnade«. Das »Wir folgen« hat Jesus zu gelten, niemandem sonst.

– Die Mandatenlehre:
Arbeit, Ehe, Obrigkeit, Kirche (Ethik 220) sind »Mandate«, keine starren Schöpfungsordnungen, eher »Wegbereitungen im Vorletzten«.

– Das Weltverständnis:
Religion ist keine individuelle Angelegenheit der Innerlichkeit: »*Willst du Gott, so halte dich an die Welt*«. Der Wille Gottes geht nicht nur die fromme Seele etwas an, sondern auch die Gestaltung der Wirklichkeit (Politik).

– Die sog. Zwei-Reiche-Lehre:
a) Lutherische Zwei-Reiche-Lehre: Gott regiert durch die Kirche (Wort und

Sakrament) die Herzen und durch den Staat (Obrigkeit und Schwert) das politische Leben.

b) Reformierte Königsherrschaft Jesu Christi: Christus ist Herr über alle Wirklichkeitsbereiche, auch über den politischen, denn Gott ist Herr der Welt. Bonhoeffer dachte, obwohl Lutheraner, eher reformiert in dieser Frage.

– Die christliche Widerstandspflicht und die »christozentrische Verantwortungsethik«:

Jesus Christus befreit mich durch seine Schuldübernahme zum Schuldigwerden (!) und zur Selbsthingabe, wenn es erforderlich ist. Widerstand ist theologisch geboten. Man muss »dem Rad in die Speichen fallen«, nicht nur die Opfer verbinden (Diakonie), sondern auch die Straße sichern (Politik).

Die Ablehnung Bonhoeffers

Bonhoeffer beteiligte sich an der Vorbereitung des 20. Juli. Diese aktive Form des Widerstandes lehnte die Bekennende Kirche ab und strich Bonhoeffer von ihren Fürbittenlisten.

Heute ist die evangelische Kirche froh, dass sie auf Bonhoeffer als Widerstandskämpfer hinweisen kann.

5. Literatur- und Medienhinweise

Die *Barmer Theologische Erklärung*. Einführung und Dokumentation, hg. von A. Burgsmüller und R. Weth, Neukirchen-Vluyn [3]1984.

Dietrich Bonhoeffer, Nachfolge (1937), München [14]1983.

Antonius H.J. Gunneweg / Walter Schmithals, Herrschaft, Biblische Konfrontationen, Stuttgart 1980.

Klaus Haacker, Der Brief des Paulus an die Römer, ThHK 6, Leipzig 1999.

Ders., Paulus. Der Werdegang eines Apostels, SBS 171, Stuttgart 1997.

Karl Herbert, Der Kirchenkampf. Historie oder bleibendes Erbe?, Frankfurt 1985.

Deutscher Widerstand 1933-1945, Informationen zur politischen Bildung 243, 2/1994.

Hans-Walter Krumwiede, Geschichte des Christentums III. Neuzeit: 17. bis 20. Jahrhundert, Theologische Wissenschaft Bd. 8, Stuttgart 1977.

Karl Martin, Die theologische Wahrnehmung des Problems Staat – Kirche bei Dietrich Bonhoeffer, in: Braunschweiger Beiträge 90 (1999), 14ff.

Kurt Meier, Kreuz und Hakenkreuz. Die evangelische Kirche im Dritten Reich, dtv wissenschaft, München 1992.

Eberhard Röhm / Jörg Thierfelder, Evangelische Kirche zwischen Kreuz und Hakenkreuz. Bilder und Texte einer Ausstellung, Stuttgart [2]1982.

Dies., Juden, Christen, Deutsche 1935-1945, Stuttgart 1995.

Renate Wind, Dem Rad in die Speichen fallen. Die Lebensgeschichte des Dietrich Bonhoeffer, Weinheim-Basel [9]1995.

6. Internetseiten

www.bonhoeffer-derfilm.de
Über den Film: Bonhoeffer – die letzte Stufe
www.cyberword.com/bonhoef
Die Dietrich-Bonhoeffer-Seite

PRAISE

Orgelvorspiel

Begrüßung

Lied: Die Nacht ist vorgedrungen (EG 16,1-3)

Eingangswort

Psalm 85,9-14 (EG 736.2):
Könnte ich doch hören, was Gott der Herr redet,
dass er Frieden zusagte seinem Volk und seinen Heiligen,
damit sie nicht in Torheit geraten.
Doch ist ja seine Hilfe nahe denen, die ihn fürchten,
dass in unserem Lande Ehre wohne;
dass Güte und Treue einander begegnen,
Gerechtigkeit und Friede sich küssen;
dass Treue auf der Erde wachse und Gerechtigkeit vom Himmel schaue;
dass uns auch der Herr Gutes tue,
und unser Land seine Frucht gebe;
dass Gerechtigkeit vor ihm her gehe
und seinen Schritten folge.

Gem.: Ehr sei dem Vater (EG 177)

Gebet:
Herr, du kommst in unsere Welt
werden wir dich erkennen?
Herr, du kommst im Angesicht Jesu,
werden wir dich anerkennen?
Jesus, du kommst als Herr,

werden wir die falschen Herren durchschauen?
Dass wir all dies können, darum bitten wir in deinem Namen.

Oder:

O Herr Jesus Christus, der du von einer hebräischen Mutter geboren wurdest,
aber voll Freude warst über den Glauben einer syrischen Frau
und eines römischen Soldaten,
der du die Griechen, die dich suchten, freundlich aufnahmst
und es zuließest, dass ein Afrikaner dein Kreuz trug:
Hilf uns, Menschen aller Rassen als Miterben in dein Reich zu bringen.
(aus: Klaus Burba [Hg.], Ich möchte beten – aber wie?, Nr. 102)

Gem.: Amen

Jugendchor: Jesus kommt (K. Heizmann, in: Die besondere Note, 52)
oder:
Lobpreiset unsern Gott (in: Songs junger Christen 3, 44)
oder:
In keinem andern ist das Heil (G. Schutz, in: Wir loben dich IV, 24)
oder:
Es ist in keinem anderen Heil (G. Schnitter, in: Songs junger Christen 3, 204)
oder:
Ich bin der Herr, dein Gott (M. Schütz, in: Ev. Kinderkirche 1986, 1):
oder:
Ich bin der Herr, dein Gott (H. Ch. Postler, in: Schritte, 25)

Lesung: Markus 12,13-17

Lied: Mit Ernst, o Menschenkinder (EG 10,1-3)

MESSAGE

1. Zur Lage um 1933

Pfarrer/in: Kurze Einführung; dazu können die Stichworte aus der Materialbei-
gabe genutzt werden.

Kurze Orgelimprovisation über »O Heiland, reiß die Himmel auf« (EG 7)

2. Zwei Predigten aus jener Zeit

Ein Prediger (Jugendlicher) *besteigt die Kanzel.*
Zwei (Jugendliche, die die Gemeinde darstellen) *hören aufmerksam zu. Einer ist der BK, der andere den DC zugehörig.*
Der Prediger liest Römer 13,1:

»Jedermann sei untertan der Obrigkeit, die Gewalt über ihn hat. Denn es ist keine Obrigkeit außer von Gott; wo aber Obrigkeit ist, die ist von Gott angeordnet...!«

DC: Siehste, das steht sogar in der Bibel: Die Obrigkeit ist von Gott eingesetzt ... Hitler ist unsere Obrigkeit ... also ist er von Gott eingesetzt ...

BK: O Mann, das ist doch nur sinnbildlich zu verstehen. Außerdem stammt dieser Text aus einer ganz anderen Zeit, ist ungefähr 2000 Jahre alt, und er kommt aus Rom ...

DC: Wieso? Da steht doch: »Es ist keine Obrigkeit, außer von Gott«. Ist das nun Gottes Wort, oder ist es das nicht?

BK: Überleg doch mal! Paulus schrieb im 1. Jahrhundert nach Rom, zu einer der ersten Christengemeinden überhaupt. In Rom herrschte Nero, ein Tyrann. Er war Kaiser, die Obrigkeit. Hätte Paulus etwas gegen ihn geschrieben, hätten die Christen alle ein Riesenproblem bekommen. Vielleicht wären sie sogar getötet worden. Was sollte Paulus also anderes schreiben?

DC: Also, Hitler ist der Kaiser von heute – richtig? Wenn also Paulus damals von so einem Tyrannen so Gutes sagen konnte, wieso gilt das dann heute nicht mehr für unseren »Kaiser«?

BK: Aber die Christen wurden damals sehr bald von dieser hochgelobten Obrigkeit blutig verfolgt. Das wollte Paulus doch nur verhindern, daher seine hohen Worte. Und wenn dein Hitler weiterhin sein Unwesen treibt, werden auch wir bald verfolgt, mit tödlicher Sicherheit...

DC: O je, ich glaube, du hast echt keine Ahnung. Schau dich doch mal um im Lande. Die Versailler Verträge hätten unser Volk bald platt gemacht, und was ist jetzt: Arbeit ... Autobahnen ... Aufschwung ...

BK: ... und jede Menge verschwundener Nachbarn, vor allem unter den Juden. Weiß der Teufel, wo die hin sind. Ich ahne nichts Gutes. Und guck dir die SS-

Trupps an! Überall Terror durch die Staatsgewalt. Weißt du was? Es stinkt verdammt nach Krieg im Lande...

Der Prediger liest nochmals Römer 13,1.

BK: Ja ja, aber es gibt auch ganz andere Bibeltexte.

Alle Spieler ab.

Jugendchor: Noch sind die Herzen nicht bereit (J. Jourdan / H. E. Trust, in: Die Freude wirft ihr Licht voraus, 10)

Die beiden kommen wieder. Ein zweiter Prediger besteigt die Kanzel und liest Offb 13,1-6.

BK: Ha, hier steht was ganz anderes. Das bedeutet nämlich: Das Tier ist der Kaiser, vermutlich Nero. Nero war ein Feind Gottes. Er lästerte ihn. Heute ist Hitler der Kaiser. Also ist Hitler ein Feind Gottes. Anders gesagt: Nach diesem Text ist Hitler ein »Tier aus dem Abgrund«!

DC: Ich denke nicht, dass das so gemeint ist ... so ein alter Text ...

BK: Ach nein? Wie ist es denn gemeint?

DC: Na lies doch mal die Bibel genau durch. Lauter Geschichten von Schlachten, Beduinen und Viehzüchtern. Ist doch klar, dass die auf solche skurrilen Sachen kommen – pah, Tier aus dem Abgrund, dass ich nicht lache ...

BK: Wie kannst du das sagen? In Römer 13 gefiel dir gut, was da in der alten Bibel steht, und wenn es dir nicht in den Kram passt, dann ist es eben skurril.

DC: In Römer 13 ist auch nicht von Tieren die Rede, sondern vom Staat.

BK: Ach, du kapierst gar nichts. Das Tier, das ist der Kaiser, eh? Der Kaiser, das ist heute Hitler, eh? Also ist Hitler ein Tier, klar?

Prediger liest nochmals Offb 13,5.

DC: Soll ich dir mal was sagen? Du begibst dich in Gefahr – denk an Hitlers Macht ...

Alle Spieler ab.

Kurzpredigt (Stichworte): Wir sehen in diesen Texten das Ringen der Urgemeinde um die richtige Einstellung zur Staatsgewalt ... Paulus entschärft römische Bedenken gegen die Christen: sie sind nicht staatsfeindlich ... Johannes entschärft verschlüsselt die christliche Bedenkenlosigkeit gegen den Kaiser: er ist gefährlich ...

Nochmals kurze Improvisation über »O Heiland, reiß die Himmel auf« (EG 7).

3. Der Arierparagraph

Ein Zeitungsverkäufer tritt auf und ruft:

Extrablatt, Extrablatt, Extrablatt ... Der Reichskanzler verfügt, dass alle Menschen jüdischer Abstammung kein öffentliches Amt mehr bekleiden dürfen ... Neues Gesetz ... Staatsdienst nur für Arier ... Juden werden ausgeschlossen aus allen Ämtern ... Extrablatt!

Zwei Personen kaufen diese Zeitung.

A: Gib her, was steht da? Juden müssen ihre Ämter niederlegen. *(Erregt:)* Was ist denn das? Ich glaub', ich hör nicht recht. Mein Opa ist Jude ... er arbeitet im Ministerium ...

B: Waaas? Das ist ja katastrophal. Na ja, zum Glück arbeitet mein Vater in der Kirche. Bei den Christen gelten immerhin noch andere Regeln. Vielleicht findet dein Opa da eine neue Arbeit.

Der Zeitungsverkäufer tritt wieder auf und ruft:

Extrablatt, Arierparagraph jetzt auch in der Kirche ... Pfarrer jüdischer Abstammung müssen ihr Amt niederlegen ... Extrablatt!

A: Mann o Mann, wo soll das noch hinführen?

B: Nicht so laut! Ich glaube, es ist besser, wenn wir jetzt gehen...

Beide ab.

Kurzpredigt (Stichworte): So vergaß die Kirche, dass sie sich selbst einem Juden aus Nazareth verdankte...

Instrumentalimprovisation über »Hevenu schalom alejchem« (EG 433)
oder:
»Ihr Mächtigen« (Jerusalemlied) (T: Christine Heuser, M: Naomi Shemer-Sapir,
in: Kehrt um und glaubt – erneuert die Welt, 80).

4. Dietrich Bonhoeffer

Pfarrer/in: Kurze Einführung; dazu können die Stichworte aus der Materialbei-
gabe genutzt werden.

Bonhoeffer verteilt ein Flugblatt an die Gemeinde (5-6 Expl.) mit der Aufschrift:
NUR WER FÜR DIE JUDEN SCHREIT, DARF GREGORIANISCH SINGEN

Bonhoeffer ab. Zwei BK-Leute unterhalten sich über Bonhoeffer:

A: Hör mal, ich wollte mit dir über Pastor Bonhoeffer sprechen.

B: Ja! Bist du inzwischen zu einem Schluss gekommen, wie wir ihn am besten
loswerden können? Erst gestern war wieder ein SS-Offizier bei mir, um zu fragen, ob wir uns den Ausschweifungen Bonhoeffers anschließen oder nicht.

A: Echt? Schon wieder? Bei mir war vorgestern einer ..., ich glaube, wenn wir uns nicht allmählich von ihm distanzieren, dann ...

B: Verdammt aber auch. Was denkt sich dieser Bonhoeffer eigentlich? Im Alleingang in unserem Namen so etwas herumzuposaunen: »Nur wer für die Juden schreit, darf gregorianisch singen«. Er weiß doch, welche Konsequenzen so was hat. Ich stehe ja auf seiner Seite, aber mit verschlüsselten Predigten würde er mehr bewirken. Das kann man doch schon in der Offenbarung des Johannes lernen.

A: Ja wirklich ... wir können wohl nichts mehr für den Armen tun ...

Beide ab.

Kurzpredigt (Stichworte): Bonhoeffer war einer der ganz wenigen, die erkannt haben: Wer sich an den Juden vergeht, vergeht sich am Volk Gottes, denn Jesus ist Jude ...

Jugendchor: Hevenu schalom alejchem (EG 433)
oder:
Segne Israel (in: Sein Ruhm – unsere Freude, 299)

5. Die Barmer Synode und die Barmer Theologische Erklärung

Pfarrer/in: Kurze Einführung: Wann? Wo? Warum?

Vier Synodale kommen mit Stühlen nach vorne und nehmen vor dem Abendmahlstisch Platz.

A: Also ich finde, die Kirche sollte sich aus der Politik ganz heraushalten. Die da oben wissen schon, was sie tun ...!

B: Wieso? Ist Gott der Herr der Welt oder nicht? Und wenn Er der Herr der Welt ist, dann geht Ihn auch an, was in Seiner Welt passiert. Und wenn wir Seine Kirche sind, dann geht uns auch an, was in der Welt Gottes passiert ... schließlich ist es SEINE Welt!

C: Ja genau, und wir müssen uns für die Juden einsetzen. Ihnen verdanken wir unsere Bibel, die Gebote und alles. Außerdem: Jesus war auch kein Christ, sondern Jude ...!

D: Was? Wo denkst du hin? Theologisch hast du ja Recht, aber willst du dich auf die Wege Bonhoeffers einlassen? Man munkelt, er plane sogar eine Verschwörung mit. Gott bewahre, das dürfen wir Christen nicht tun ... niemals ...

C: Doch!

D: Nein!

C: Doch!

E: Mein Opa ist auch Jude. Und ich will was für ihn tun. Ich glaube, das will Gott auch.

F: Also, ich finde, wir sollten ein deutliches Wort sprechen. Auf Dauer lässt sich Gottes Wahrheit sowieso nicht aufhalten.

Pfarrer/in: Und so verabschiedeten sie nach langen Diskussionen eine berühmte Erklärung, auf die noch heute Pfarrer/innen ordiniert werden: die Barmer Theologische Erklärung. Sie findet sich in unserem Gesangbuch. Schlagt doch mal auf: Nr. 858.

Evtl. weist der Pfarrer / die Pfarrerin auf einige durch die Vorbereitungsgruppe ausgewählte Thesen hin und erläutert den Verwerfungssatz zu These 5. Es kann auch zu einer Gemeindeveranstaltung zur Vertiefung, Diskussionsabend o.Ä. eingeladen werden.

Jugendchor: Wir warten auf das Licht (J. Jourdan / R. Schweizer, mit Satz in: Die Freude wirft ihr Licht voraus, 40)
oder:
Gottes Wort ist wie Licht in der Nacht (EG 591; gemeinsamer Kanon)

CREDO (EG 817)

BLESSING

Kollektenansage

Während des Sammelns: Klavier- oder Orgelimprovisation über »Die Nacht ist vorgedrungen« (EG 16)
oder:

»Von guten Mächten treu und still umgeben« (EG 65 bzw. 652)

Fürbitten:
Gebet aus dem Konzentrationslager Buchenwald (EG 965)

Oder:

Wenn beim himmlischen Hochzeitsmahl
dann eitel Sonnenschein herrscht
und alle, alle schunkeln
Anne Frank neben Adolf Hitler
überforderst du dann nicht die Opfer?

Gott,
nimmst du unser zerbrechliches Leben hier und heute denn ernst?

Fernab gelehrter Theologie und frommer Predigten
wage ich es
mich meines eigenen Glaubens zu bedienen.

Nur so hast du, Gott, noch eine Chance...

(aus: In Zweifeln hilft glauben. Trotz-Gebete, Blattwerk, St. Augustin)

Minute der Stille

Vaterunser

Lied: Die Nacht ist vorgedrungen (EG 16,4-5)

Segen (EG 992)

Orgelnachspiel

Orgelvorspiel

Begrüßung

Lied: Die Nacht ist vorgedrungen (EG 16,1-3)

Eingangswort

Psalm 85 (EG 736.2)
  Ehr sei dem Vater
Gebet
  Amen

Jugendchor: *Jesus kommt*

Lesung: Markus 12,13-17

Lied: Mit Ernst, o Menschenkinder (EG 10)

PRÄSENTATION:
Einführung
1. Zur Lage um 1933
   Musik
2. Zwei Predigten aus jener Zeit
   Jugendchor: *Noch sind die Herzen nicht bereit*
   Musik
3. Der Arierparagraph
   Musik
4. Dietrich Bonhoeffer
   Jugendchor: *Hevenu schalom alejchem*
5. Die Barmer Synode
   Jugendchor: *Wir warten auf das Licht*

CREDO

Kollektenansage

Orgelimprovisation (EG 16, 65 oder 652)

Fürbitten

Vaterunser

Lied: Die Nacht ist vorgedrungen (EG 16,4-5)

Segen

Orgelnachspiel

ES WIRD ALLES OFFENBAR WERDEN...

ÜBER DIE FASZINATION DES OKKULTEN

1. Zur Theologie

Mit dem großen Entmythologisierungsprogramm der Bibelwissenschaft wurde »Mythisches«, »Mysteriöses«, »Transzendentes« und »Okkultes« in die Schranken eines vergangenen antiken Weltbildes zurückverwiesen. Die Folge war, dass diese Dimensionen des Glaubens in der Theologie kaum Aufmerksamkeit erfuhren. Für Esoterisches entstand ein Markt neben der kirchlichen Religiosität. Gleichwohl findet sich »Okkultes« auch in der Bibel. Der wohl berühmteste Text zu diesem Thema ist die Erzählung von Samuels Beschwörung im Auftrag Sauls (1. Samuel 28). Hier versucht Saul durch geistlich illegitime Mittel (Totenbeschwörung) an eine für Israel geistlich legitime Offenbarung (Prophetie) zu kommen. – Aber auch die gesamte Christologie, das Heraustreten Gottes aus der Verborgenheit (1. Tim 6,16) und seine exklusive Erkennbarkeit in Jesus Christus (Johannes 14,9) thematisieren strukturell das Thema Okkultismus. Die Bibel leugnet okkulte Phänomene nicht, wie immer man sie heute erklären mag, sondern sie verbietet den Umgang mit ihnen, weil es keinen Zugang zur Wirklichkeit Gottes an Christus vorbei gibt (Johannes 14,6).

2. Zur Didaktik

Abnehmende Kirchenverbundenheit heißt nicht automatisch auch abnehmende Religiosität. Der Boom der Esoterik und der große Erfolg esoterischer Angebote und Literatur sprechen hier eine deutliche Sprache. Die Berichte der landeskirchlichen Sektenbeauftragten informieren hierüber ausführlich. In der Welt Jugendlicher begegnet Esoterik vor allem in drei Bereichen: Okkultes im engeren Sinne ist Bestandteil einer bestimmen Sparte der Rockmusik (»Black Metal«), Esoterisches im weiteren Sinne wird zunehmend Thema in Jugendzeitschriften, wie die Beispiele im vorliegenden Entwurf zeigen, beides zusammen eignet sich offensichtlich auch hervorragend zur Gestaltung von Computerspielen. Ein kurzer Blick auf CD-ROM-Hüllen verrät alles. Anthropologisch gehören daher Sinnleere, Angsterfahrungen, Berührung mit dem Tod und die »transzendente Frage« nicht weniger zur jugendlichen Wirklichkeit als in alten »kirchlichen Zeiten« auch. Daran kann man in der Vorbereitungsgruppe wunderbar anknüpfen. Da biblische Aussagen ihre »A-priori-Autorität« offenbar verloren haben, müssen wir uns immer auch um »immanente« Plausibilitäten, wie es etwa CICERO am Beispiel der Unlogik von Unheilsweissagungen versucht hat, bemühen.

3. Praktische Tipps zur Durchführung

3.1. Im Konfirmandenunterricht oder in der Jugendgruppe nach Erfahrungen mit Okkultem fragen.

3.2. Jugendliche beauftragen, in Jugendzeitschriften, Musik-CD's und PC-Spielen nach okkulten oder esoterischen Themen zu suchen und, wenn möglich, das betreffende Material mitzubringen.

3.3 Religionslehrer/innen der benachbarten Schulen interviewen, ob und in welcher Weise diese Themen bereits in der Schule behandelt worden sind. Hat jemand gerade eine Unterrichtsreihe in dieser Sache durchgeführt, sollte er oder sie zur Mitarbeit im Jugendkreis eingeladen werden.

3.4 Mit Jugendlichen eine Exkursion in eine esoterische Buchhandlung machen. Nach aktuellen Titeln, Bestsellern usw. fragen. Häufig spüren ältere Jugendliche bereits bei manchen Titelformulierungen, dass hier irgendwie eine intellektuelle Engführung im Spiel sein könnte.

3.5 Die verwendeten Bibeltexte gemeinsam besprechen.

3.6 Im Unterrichtsentwurf von *Happel* und im Materialdienst von *Christmann* finden sich jede Menge nützlicher Informationen und Impulse zur Gestaltung der vorbereitenden Gruppengespräche.

3.7. Die Sektenbeauftragten der Landeskirchen verfügen über große Datenbänke und bieten ihre Unterstützung gerne an.

3.8 Informationen beim örtlichen Jugendamt oder Jugendberatungsstellen einholen. Was ist über Esoterik, Okkultismus und Satanismus in der eigenen Stadt bekannt?

4. Literaturhinweise

Beate und Wolfgang Christmann, Arbeitsblätter zum Thema New Age, Esoterik, Okkultismus und mehr, VKR-Materialdienst Nr. 1/88, VKR Niedersachsen.

Christoph Daxelmüller, Zauberpraktiken. Eine Ideengeschichte der Magie, Zürich 1993.

Friedrich-W. Haack, Rendezvous mit dem Jenseits. Der moderne Spiritismus/Spiritualismus und die Neuoffenbarungen, Bericht und Analyse, Arbeitsgemeinschaft für Religions- und Weltanschauungsfragen, München [2]1986.

E.W. Happel, Unterrichtseinheit: Okkultismus, in: Braunschweiger Beiträge 48 (1989), 15-36.

Hansjörg Hemminger (Hg.), Die Rückkehr der Zauberer. New Age – Eine Kritik, Reinbek 1987.

Hans A. Pestalozzi, Die sanfte Verblödung. Gegen falsche New Age-Heilslehren und ihre Überbringer – Ein Pamphlet, Düsseldorf [5]1987.

Hans-Jürgen Ruppert, New Age. Endzeit oder Wendezeit?, Wiesbaden 1985.

Reinhold Ruthe, Medien, Magier, Mächte. Aberglaube und Okkultismus im Zeitalter des Wassermanns, Moers 1988.

Hugo Stamm, Achtung Esoterik, Zürich 2000.

Zwei Aspekte gegenwärtiger Religiosität: Okkultismus – Reinkarnation. Aus der Praxis für die Praxis, Mitarbeiterhilfe des Volksmissionarischen Amtes der Ev. Kirche von Westfalen 1/1990.

5. CD-ROM

Esoterisches Kaufhaus Glück & Sinn. Internetangebote auf dem Weltanschauungsmarkt, ISBN 3-87448-209-X.

PRAISE

Orgelvorspiel

Begrüßung

Lied: Du höchstes Licht (EG 441,1-6)

Eingangswort

Übertragung zu Psalm 27 (EG 778)

Gem.: Ehr sei dem Vater (EG 177)

Wir beten mit den Worten eines alten Liedes:
Wie herrlich gibst du, Herr, dich zu erkennen, schufst alles, deinen Namen uns zu nennen: der Himmel ruft ihn aus mit hellem Schall, das Erdenrund erklingt im Widerhall. *Verborgen* hast du dich den klugen Weisen und lässest die Unmündigen dich preisen. Den Leugner widerlegt des Säuglings Mund; der Kinder Lallen tut dich, Vater, kund (aus: EG 271,1-2).

Gem.: Amen

Jugendchor: Wer bist du? (Satz in: Singt das Lied der Lieder III, 8)

Lesung: Johannes 1,1-4.14.18

Gem.: Halleluja

Lied: Dankt, dankt (EG 630,1-3)

MESSAGE

1. Was ist eigentlich »Okkultismus«?

Pfarrer/in: Okkultismus – ein weiter Begriff: Interesse an allem Verborgenen. Danach wären alle Religionen »okkult«.

J1: Das Wort »okkult« kommt vom lateinischen Wort »occultus« = versteckt, verborgen, heimlich. Eigentlich meint es das Interesse an allem, was der menschlichen Erkenntnis verborgen ist. Die Antwort auf die letzten Fragen (Wer bin ich? Woher komme ich? Wohin gehe ich?) genauso wie die Frage nach Gott. Insofern wären sowohl alle Geheimwissenschaften als auch alle Religionen »okkult«, denn sie geben Auskunft über Dinge, über die man eigentlich nichts weiß.

J1 hängt ein Schild auf mit der Aufschrift:
OKKULT = GEHEIM, VERBORGEN

Pfarrer/in: Okkultismus – ein enger Begriff: esoterische, magische, spiritistische und satanische Praktiken.

J2: Das Wort »Okkultismus« bezeichnet aber auch, und das ist der heute übliche Sprachgebrauch, alle esoterischen und übersinnlichen Geheimwissenschaften, Zauberkulte, spiritistische und satanische Praktiken wie Pendeln, Wahrsagen, Geisterbeschwörung, schwarze Messen und Ähnliches. Okkultismus war in den letzten Jahren stark in Mode bei Jugendlichen, scheint aber zurzeit durch neue Faszinationen wie PC etc. abgelöst zu werden. Gleichwohl sind die Medien voll von esoterisch-okkulten Angeboten, vom Horoskop bis zum Voodoo-Fluch.

J2 hängt ein Schild auf mit der Aufschrift:
OKKULTISMUS = ÜBERSINNLICHE GEHEIMWISSENSCHAFT

2. Okkultismus in der Bibel?

1. Samuel 28 – die Beschwörung Samuels durch Saul. Spielszene zum Thema Spiritismus

Sprecher: Als Samuel gestorben war, geriet König Saul in Bedrängnis. Die Philister, die Erzfeinde Israels, rüsteten sich zum Angriff. Saul geriet in Panik. Sämtliche Zeichendeuter, Zauberer und sonstige Esoteriker hatte Saul aus dem Land vertreiben lassen. Allein Propheten durfte und sollte man befragen. Aber der amtierende Prophet war gestorben. Wie und durch wen sollte JAHWE, der Gott Israels, nun reden? Da griff Saul zu einem Trick. Er wollte mit Hilfe einer Hexe, einer hauptamtlichen Spiritistin, den verstorbenen Samuel beschwören.

Saul: Man führe mich zu einer Hexe, die Tote beschwören kann. Hoffentlich ist noch eine da.

Saul läuft und sucht, bis er eine Hexe findet. Er verkleidet sich und tritt ein.

Saul: Kannst du Tote beschwören, so hole mir den Samuel herauf...

Sprecher: Cool! Echt geschickt! Sich mit illegalen Offenbarungsmitteln – Spiritismus – an einen legalen Offenbarer – Prophet – heranmachen. Echt geschickt...

Hexe: Was willst du? Erinnerst du dich nicht, dass König Saul alle Esoteriker aus

Israel verbannt hat? Willst du mir eine Falle stellen?

Saul: Aber Frau, ich suche deine Hilfe. So wahr der Herr lebt, es soll dich keine Schuld treffen in dieser Sache.

Hexe: Na schön, wen soll ich heraufholen aus dem Reich der Toten?

Saul: Hole Samuel, den großen Propheten.

Sprecher: Ha, ob die Hexe ahnt, dass sie sich auf ein Spiel mit dem Feuer einlässt? Mal sehn, ob's klappt ...

Die Hexe erkennt plötzlich, dass es Saul ist, der da vor ihr steht.

Hexe: Warum hast du mich betrogen? Du bist Saul!

Sprecher: Au weia ...

Die Hexe beginnt mit der Beschwörung ... plötzlich taucht ein Geist auf ...

Hexe: Da ist er ... ein alter Mann ... mit einem Priesterrock...

Samuel: Ich bin Samuel, der Prophet. Warum störst du meine Ruhe, Weib?

Saul: Es ist meine Schuld. Ich bin in großer Not. Die Philister bedrohen uns, und der HERR antwortet uns nicht. Er schweigt und schweigt und schweigt. Du hast mich doch zum König gesalbt, also sprich: Was sollen wir tun?

Sprecher: Tja, man muss sich zu helfen wissen. Wenn Gott schweigt, muss man ihn zum Reden bringen. Vielleicht gar nicht so schlecht, dieser Okkultismus ...

Samuel tut nicht, was Saul wollte. Zornig fährt er Saul an.

Samuel: So etwas ist Gott ein Gräuel. Geh, denn der Herr ist von dir gewichen! Und dein Königtum, das wird er einem anderen geben.

Samuel verschwindet.

Sprecher: ... aber das Ergebnis bringt's irgendwie nicht, oder ... ?

Alle ab.

Kurzpredigt (Stichworte): Die Bibel sagt nicht, dass es keine okkulten Phänomene gäbe, sondern sie sagt, dass wir die Finger davon lassen sollen... Allein Gott ist für Offenbarung zuständig... Warum, das werden wir noch sehen...

Jugendchor: El-Shaddai (Satz in: Singt das Lied der Lieder, 77)

3. Beispiele okkulter Praktiken der Gegenwart

3.1 Pendeln

J3 und J4 sitzen am Tisch. Sie schreiben am nächsten Tag eine Arbeit und pendeln das vermeintliche Ergebnis aus.

J4: Na, dann woll'n wir mal sehen, ob wir morgen den Test bestehen.

J5 kommt zufällig hinzu und wundert sich.

J5: Was macht ihr denn da?

J3: Wir pendeln das Ergebnis unserer Arbeit morgen aus. Linksrum heißt »gut«, rechtsrum heißt »schlecht«.

Sie pendeln. Das Pendel von J3 dreht sich rechts herum, das von J4 links herum.

J5: Warum das denn jetzt?

J3: Ich habe nicht gelernt.

J4: Ich schon ...

J5: Spinn' ich oder was? Das ist doch völlig easy! Euer Unbewusstes weiß Bescheid und steuert die Bewegung. Und ihr fallt drauf rein ...

Alle ab.

3.2 Gläserrücken, Wahrsagen, Horoskope, Astrologie

J6 und J7 unterhalten sich über eine Jugendsendung.

J6: Gestern habe ich 'ne coole Sendung gesehen. Da hat sich einer beim Glä-serrücken voraussagen lassen, wann er sterben wird. Als der angekündigte Tag kam, fuhr er mit dem Fahrrad los. Und weißt du, was passiert ist?

J7: Nee, woher denn?

J6: Der Typ geriet mit den Reifen in die Straßenbahnschienen, stürzte und ver-unglückte tödlich. – Ob da doch was dran ist?

J7: Quatsch, der war einfach so von der Rolle, dass ihm die Nerven durchge-gangen sind. Ein Geist hat dem nichts vorausgesagt. Sein eigener Geist war so aus der Fassung, dass sich die Ankündigung allein, ganz von selbst, erfüllt hat. Self-fulfilling prophecy nennt man das.

J6: Na, ich weiß nicht...

Beide ab.

Kurzpredigt (Stichworte): Der berühmte Römer CICERO hat einmal ein Buch über die Wahrsagung[8] geschrieben und gefragt, wozu sie dient: zur Erfüllung oder zur Vermeidung des Vorausgesagten? – Dient sie der Ansage der Erfül-lung, wäre »sich vorsehen« sinnlos. Warum aber gibt es dann unerfüllte Weis-sagungen? – Dient sie der Warnung und der Vermeidung des Angekündigten, wäre sie keine *echte* Weissagung, sondern der Versuch, etwas Geweissagtes zu verhindern!
Also: es kann keine echten Weissagungen geben...

Zwei Zuhörer protestieren.

A: Ja, aber was ist mit den *nicht* beeinflussbaren Weissagungen?

B: Hier geht's aber um die beeinflussbaren. Hätte der Typ die Weissagung ernst genommen, wäre er zu Hause geblieben ...

A: ... ja und dann am Herzinfarkt gestorben...

B: ... oder er würde noch leben...

Beide ab.

---

[8]Cicero, Über die Wahrsagung, München-Zürich 1991

3.3 Satanisches führt zur Nekrophilie (Todesangst und Todeslust)

Ein Jugendlicher stellt begeistert (in freier Rede) seine Lieblings-Heavy-Metal-CD vor, z.B. Moonspell, Irreligious. Die anderen wenden sich ab mit Argumenten wie: »Ist ja wie im Mittelalter. Bloß gut, dass es so was heute nicht mehr gibt...«

Pfarrer/in: Von wegen. Schauen wir bloß mal in die aktuelle Ausgabe der Jugendzeitschrift SUGAR:

»Magische Kräfte in SUGAR:[9]

Beispiel 1:
Wenn du ... deinen nächsten Freund sehen möchtest
Dazu brauchst du:
– Vollmond (schau einfach in deinem Kalender nach, wann das nächste Mal Vollmond ist).
So geht's:
Bevor du dich ins Bett legst, geh ans Fenster, schau den Mond an und sag den Spruch: ›Guter Mond so voll, zeig mir, wer meine neue Liebe sein soll!‹
Wenn du schläfst, wirst du von seinem Gesicht träumen. Du darfst nur nicht vergessen, dir gleich nach dem Aufwachen seinen Namen zu notieren!

Beispiel 2:
Wenn du ... dich nicht entscheiden kannst
Dazu brauchst du:
– Drei Zwiebeln (wenn du dich nur zwischen zwei Jungs entscheiden musst, natürlich nur zwei)
– Ein Messer.
So geht's:
Ritz die Namen der Jungs in die Zwiebeln (pro Zwiebel nur einen Namen, versteht sich). Bewahre die mit Namen versehenen Zwiebeln an einem warmen Ort auf.
Jetzt heißt es abwarten! Die Zwiebel, die zuerst austreibt, trägt den Namen des Glücklichen!«

Ich glaube, so was muss man nicht wirklich kommentieren, oder?

Jugendchor: Das New Age (T: Theo Lehmann / Jörg Swoboda, M: Christoph Neumann, aus: Schritte. Neue Lieder für junge Christen, © Hänssler Verlag, D-71087 Holzgerlingen)

---

[9]Die folgenden Textbeispiele finden sich in der Jugendzeitschrift SUGAR 9911, 11/1999, 52; vgl. 45-54.

1. Der Was-ser-mann ist auf - ge-taucht, als wenn er je-mand wär'.
2. Wer sich in sich zu fin - den glaubt, den Him-mel sucht in sich,
3. Nein, Je - sus ist nicht aus-tausch-bar, er ist nicht ir-gend-wer.

Wer auf sein Ho - ro-skop ver-traut, be - reut es hin - ter - her.
ver - liert sein Le - ben und er - lebt die Höl - len-fahrt ins Ich,
Nicht Bud-dha, Krish-na o - der du, nein, Chri-stus ist der Herr.

Wer auf sein Ho - ro-skop ver-traut, be - reut es hin - ter - her.
ver - liert sein Le - ben und er - lebt die Höl - len-fahrt ins Ich.
Nicht Bud-dha, Krish-na o - der du, nein, Chri-stus ist der Herr.

Refrain

Das New Age ist Ver - gan - gen - heit.

In Je - sus kam____ die neu - e Zeit.

Gehst du zu ihm,___ kommst du zu dir.___ Er hat ge - sagt:

1.
Ich bin die Tür.

2.
Ich bin die Tür.

4. Wie bewertet die Bibel Okkultismus?

Pfarrer/in: Mose hatte deutliche Hinweise in der Thora gegeben. Einige sehen wir hier:

5. Mose 18,9-11* wird auf eine Tapete geschrieben, an eine Stellwand gehängt und vorgelesen:

» ... DU SOLLST NICHT LERNEN, DIE GRÄUEL DIESER VÖLKER ZU TUN ... WAHRSAGEREI, HELLSEHEREI, GEHEIME KÜNSTE ODER ZAUBEREI ... ODER GEISTERBESCHWÖRUNG ... ODER DIE TOTEN BEFRAGEN ...«

2. Mose 22,17 wird auf eine Tapete geschrieben und vorgelesen:

» ... DIE ZAUBERINNEN SOLLST DU NICHT AM LEBEN LASSEN ...«

3. Mose 19,31 wird auf eine Tapete geschrieben und vorgelesen:

» ... IHR SOLLT EUCH NICHT WENDEN ZU DEN GEISTERBESCHWÖRERN ..., DASS IHR NICHT AN IHNEN UNREIN WERDET ...«

Pfarrer/in: Der Prophet Jesaja wies Israel darauf hin, dass es Offenbarung Gottes nur durch die Stimme der Propheten und die Thora gibt:

Jesaja 8,19-22* wird auf eine Tapete geschrieben und vorgelesen:

»WENN SIE ABER ZU EUCH SAGEN: IHR MÜSST DIE TOTENGEISTER UND BESCHWÖRER BEFRAGEN ... SO SPRECHT: SOLL NICHT EIN VOLK SEINEN GOTT BEFRAGEN? ODER SOLL MAN FÜR LEBENDIGE DIE TOTEN BEFRAGEN? HIN ZUR WEISUNG UND HIN ZUR OFFENBARUNG!«

Pfarrer/in: Im Neuen Testament wird klar, dass Jesus Christus die ultimative Offenbarung des »Verborgenen« (= Okkulten im weiteren Sinne) ist:

Johannes 14,9 wird auf eine Tapete geschrieben und vorgelesen:

»WER MICH SIEHT, DER SIEHT DEN VATER!«

1. Timotheus 2,5 wird auf eine Tapete geschrieben und vorgelesen:

»DENN ES IST EIN GOTT UND EIN MITTLER ZWISCHEN GOTT UND DEN MENSCHEN, NÄMLICH DER MENSCH CHRISTUS JESUS.«

Kurzpredigt: Die biblische Sicht ist ziemlich eindeutig. Der verborgene Gott zeigt sich allein in Jesus. Wir nennen das »Offenbarung«. Paulus schreibt in 1. Timotheus 2,5, dass Christus der einzige Mittler zwischen Gott und Mensch ist. An Ihm vorbei ist die jenseitige Wirklichkeit nicht zugänglich...

Lied: Dass Jesus der Herr ist (Songs junger Christen 3, 187; Satz in: Singt das Lied der Lieder III, 52)
oder:
Jugendchor: Wir wissen so wenig (Satz in: Singt das Lied der Lieder II, 36)

CREDO (EG 815)

BLESSING

Kollektenansage

Lied: Singt dem Herrn ein neues Lied (EG 287)

Fürbittengebet:
Vater im Himmel, so vieles ist uns unerklärlich.
Wir wüssten gern mehr über die Geheimnisse zwischen Himmel und Erde. Deshalb schießen wir mit unserem Entdeckungsdrang oft über das Ziel hinaus.
Wir bitten dich, lass uns dein Geheimnis immer tiefer erkennen.

Alle: Herr, dir vertrauen wir.

Herr Jesus Christus, du hast gesagt: »Wer mich sieht, der sieht den Vater.«
In dir ist Gott erkennbar geworden. An dir ist sein Geheimnis ablesbar geworden. Du und der Vater sind eins. Hilf uns glauben.
Wir bitten dich, lass uns dein Geheimnis immer tiefer erkennen.

Alle: Herr, dir vertrauen wir.

Heiliger Geist, du bist die Kraft, die Glauben und Vertrauen schenkt.
Durch dich erkennen wir, wer Jesus ist: die Offenbarung des verborgenen Gottes. Du kannst Ängste überwinden und vor dem Spiel mit falschem Feuer bewahren. Hilf uns, dass wir uns nicht irgendwo die Finger verbrennen.
Wir bitten dich, lass uns dein Geheimnis immer tiefer erkennen.

Alle: Herr, dir vertrauen wir.

Bewahre die Leser von Boulevardmedien vor esoterischer Scharlatanerie. Schenke jungen Menschen die Einsicht, dass kluge Geschäftemacher sie über den Tisch ziehen wollen. Lenke ihren Blick auf die Offenbarung in deinem Wort. Dort ist dein Geheimnis offenbar.
Wir bitten dich, lass es uns immer tiefer erkennen.

Alle: Herr, dir vertrauen wir.

Dein Wort soll im Gewirr der vielen Stimmen nicht untergehen. Dein Wort soll sich immer wieder Gehör verschaffen. Dein Wort ist unsere Orientierung und ein Licht auf unserem Wege. Schenke uns Vertrauen in dein Wort und lass uns dein Geheimnis immer tiefer erkennen.
Alle: Herr, dir vertrauen wir.

Gemeinsam beten wir mit den Worten, die Jesus uns geschenkt hat:

Vaterunser

Lied: O komm, du Geist der Wahrheit (EG 136,1-4)
oder:
Kanon (evtl. mit Jugendchor): Der Herr denkt an uns (in: Singt das Lied der Lieder II, 12)

Segen

Orgelnachspiel

Orgelvorspiel

Begrüßung

Lied: Du höchstes Licht (EG 441,1-6)

Eingangswort

Übertragung zu Psalm 27 (EG 778)
Ehr sei dem Vater
Gebet
Amen

Jugendchor: *Wer bist du?*

Lesung: Johannes 1,1-4.14.18
Halleluja

Lied: Dankt, dankt (EG 630,1-3)

PRÄSENTATION:
1. Was ist eigentlich »Okkultismus«?
2. Okkultismus in der Bibel?
   Jugendchor: *El-Shaddai*
3. Beispiele okkulter Praktiken der Gegenwart
   Jugendchor: *Das New Age*
4. Wie bewertet die Bibel Okkultismus?

Lied: *Dass Jesus der Herr ist*

CREDO

Kollektenansage

Lied: Singt dem Herrn ein neues Lied (EG 287)

Fürbitten

Vaterunser

Lied: O komm, du Geist der Wahrheit (136,1-4)

Segen

Orgelnachspiel

GEWALT –

WAS SOLL MAN DAZU SAGEN?

1. Zur Theologie

Zum Thema Gewalt legen wir zwei Entwürfe vor. Erstens hat dieses Thema unter Jugendlichen zu einer brisanten neuen Aktualität gefunden und zweitens besteht das Zentrum des christlichen Erlösungsglaubens in einer ungeheuerlichen Gewalttat, die zugleich eine Demonstration radikaler Gewaltlosigkeit ist, der Kreuzigung Jesu. Daher ist es angemessen, die Gewaltfrage in der Passionszeit zu behandeln. Im Raum der Kirche geraten wir dabei in ein extremes Spannungsfeld der Aspekte. Einerseits verpflichtet uns die »Sanftmut Jesu« und die Ethik der Bergpredigt zum Gewaltverzicht (Mt 5,38f). Andererseits ist die Geschichte der Kirche selbst von Blut durchtränkt (Kreuzzüge, Inquisition). In der gegenwärtigen Diskussion zwischen Seelsorge, christlicher Ethik und Psychologie findet sich die ganze Spannbreite der Gesichtspunkte wieder. Verfechter einer verkürzt rezipierten Zwei-Reiche-Lehre fordern mehr Staatsgewalt, legitimierten den Kosovokrieg und plädieren für den Ausbau der NATO-Streitkräfte zur »schnellen Eingreiftruppe«. Pazifisten hingegen halten am Ideal der Gewaltlosigkeit fest, sind aber recht wortkarg angesichts der zunehmenden Gewaltbereitschaft Jugendlicher auf unseren Straßen und der Anfrage junger Christen, ob und wann man sich denn wie wehren dürfe, ohne dem Glauben untreu zu werden.

Der Gottesdienst skizziert unterschiedliche Sichtweisen und Interpretationen von Gewalt: Mose (2. Mose 21,12-25), Jesaja (31,1-3), Jesus (Mt 5,38f), Paulus (Röm 12,9-18), Nietzsche, Konrad Lorenz und zwei heutige christliche Positionen werden dargestellt, aber nur andeutungsweise bewertet.

2. Zur Didaktik

Gewalt ist ein Feld alltäglicher Erfahrung von Jugendlichen. Zu Hause, im Schulbus, in der Schule, in Jugendheimen, auf der Straße, in Computerspielen, im Fernsehen, überall begegnet Gewalt. In christlich geprägten Elternhäusern dominieren Erziehungsprämissen wie »Der Klügere gibt nach«, »Wer sich wehrt, ist auch nicht besser«, »Um des lieben Friedens willen« oder »Halt die andere Backe hin«. In weltanschaulich anders geprägten Familien zählen diese Maßstäbe nicht. »Setz dich durch«, »Wehr dich«, »Schlag zurück« und ähnliche Formeln bestimmen hier die Ethik. Ein Großteil der gewalttätigen Jugendlichen erfährt im Elternhaus selbst Brutalität, wie die Studie von Pfeiffer dokumentiert. All dies sind Anknüpfungspunkte, die das Gespräch mit Jugendlichen sehr schnell in Gang bringen. Wie verhält sich Aggressionsbereitschaft zum Christsein? Ist christliche Gewaltlosigkeit möglicherweise eine getarnte Aggressionshemmung, die aus der Schwäche eine Tugend macht? In den Vorbereitungsgesprächen entwickelten sich immer wieder rege Diskussionen und Kontroversen, die den Facettenreichtum dieses Themas hervortreten ließen.

Der Gottesdienst trägt vier elementarisierte Positionen vor. Weil die Darstellung zum weiteren Nachdenken anregen soll im Sinne einer »offenen Predigt«[10], nehmen wir die Bewertung recht zurückhaltend vor.

Für Diskussion wird besonders die ambivalente Wertung von PC-Spielen sorgen. Gewaltspiele sind nicht immer die Ursache von Aggression, sie können auch ein Mittel sein, Aggressionen virtuell abzubauen. Ein 14-Jähriger sagte:

»Ich weiß gar nicht, was die immer alle wollen. In Israel wurde gesteinigt, in Rom wurde gekreuzigt und an Löwen verfüttert, im Mittelalter wurden schöne Frauen verbrannt, im Dritten Reich wurden Juden vergast und heute werden Ungeborene getötet. Offensichtlich sind Menschen irgendwie unheilbar sadistisch. Aber erstmals in der Geschichte können wir diesen Trieb virtuell statt real befriedigen. Wir Jugendlichen brauchen kein Kolosseum und keinen Scheiterhaufen, nur eine Steckdose – und niemand kommt dabei zu Schaden.«

Wie immer man zu solch einer Sichtweise steht mag, man wird sich mit ihr auseinandersetzen müssen.

---

[10]Vgl. hierzu E. Garhammer, H.-G. Schöttler (Hg.), Predigt als offenes Kunstwerk. Homiletik und Rezeptionsästhetik, München 1998.

3. Praktische Tipps zur Durchführung

3.1. Jugendliche tragen ihre Alltagserfahrungen zum Thema Gewalt zusammen. Allein daraus entsteht bereits eine große Stofffülle.

3.2. Filme, CD-Spiele, PC-Zeitungen, Rockmusiktexte und Meldungen in der Lokalpresse liefern Material ohne Ende. Wenn jeder was mitbringt, reichen die Gesichtspunkte wochenlang.

3.3 Jugendberatungsstellen sind gern zur Kooperation bereit. Laden Sie eine/n Mitarbeiter/in in eine Vorbereitungsstunde ein.

3.4 In größeren Polizeibehörden existiert ein Kommissariat zur Gewaltprävention. Die zuständigen Kommissare führen gern Diskussionsveranstaltungen mit Jugendlichen durch. Vielleicht eine öffentliche Jugendtalkshow im Vorfeld?

4. Literaturhinweise

Volker A. Lehnert, Ihr Schlangen, ihr Otternbrut. Ist Aggression für Christen verboten?, in: DER WEG 11 (2000), 13.

Christian Pfeiffer / Peter Wetzels, Zur Struktur und Entwicklung der Jugendgewalt in Deutschland, Berichte des Kriminologischen Forschungsinstituts Niedersachsen 1999.

Michael Spreiter, Die Gewalt macht Schule. Aufrüstung im Klassenzimmer, in: Psychologie heute, 2/93, 58ff.

Die üblichen Verdächtigen. Sind Computerspiele dumm und brutal?, in: GameStar 4/2000, 54ff.

Horst-Georg Pöhlmann, Abriss der Dogmatik, Gütersloh, Kap. VIII »De Peccato«, 169ff.

Ulrich Eggers, Kinder trainieren Gewalt. Wie die Medien Kinder gewaltbereit machen, in: Family 2/99, 56ff.

Gewalt hat viele Gesichter... Danken & Dienen. Arbeitshilfen für Verkündigung, Gemeindearbeit und Unterricht 1993.

G. Klosinski, Umgang mit eigener und fremder Gewalt. Die Sichtweisen von Jugendlichen und Erwachsenen (jugendpsychiatrische Anmerkungen), in: Braunschweiger Beiträge 74 (1995), 39ff.

Konrad Lorenz, Das sogenannte Böse, 1963.

5. Arbeitsmaterial

Gewalt, KU-Brief für die Zeit mit Konfirmanden 15, PTI- Bonn 1996.

H.G. Böhnig, Gewalt und Gewaltlosigkeit. Bausteine und Medien, in: Braunschweiger Beiträge 67 (1994), 21ff.

Deborah Lehnert, Wohin mit der Wut? Aggression – die Geschichte zum Thema, in: DER WEG 11 (2000), 13.
W. Pschichholz, Gewalt – Widerstandsverzicht?, in: Braunschweiger Beiträge 91 (2000), 40ff.

PRAISE

Orgelvorspiel

Begrüßung

Lied: Nun ziehen wir die Straße (EG 558)

Eingangswort

Psalm 43* (EG 723):
Gott, schaffe mir Recht
und führe meine Sache wider das unheilige Volk
und errette mich von den falschen und bösen Leuten!
Denn du bist der Gott meiner Stärke:
Warum hast du mich verstoßen?
Warum muss ich so traurig gehen,
wenn mein Feind mich dränget?
Sende dein Licht und deine Wahrheit, dass sie mich leiten
und bringen zu deinem heiligen Berge und zu deiner Wohnung...
Harre auf Gott; denn ich werde ihm noch danken,
dass er meines Angesichts Hilfe und mein Gott ist.

Gem.: Ehr sei dem Vater (EG 177)

Gebet:
Was sollen wir tun, Gott, wenn wir bedroht werden?
Weglaufen? Fortblicken?
Die andere Backe hinhalten? Uns wehren?
Was sollen wir glauben, Gott, wenn man uns angreift?
Obwohl du verheißen hast, bei uns zu sein, alle Tage, bis an der Welt Ende...
und deinen Engeln Befehl gabst, uns zu behüten ...
Wir wollen dir folgen, Jesus, aber leben wollen wir auch...
Erbarme dich unser.

Gem.: Herr, erbarme dich.

Die Kindergottesdienstkinder bleiben bis zum folgenden Lied in der Kirche. Daher singt jetzt der Kinderchor:
Herzen, die kalt sind (in: Unser Kinderliederbuch, Wuppertal 1986, Nr. 164; andere Version in: Hella Heizmann, Regenbogenzeit 1984, 56)
oder:
Friedensspiel (»Mit der Spielzeughandgranate«; T+M: Jörg Swoboda / Theo Lehmann, © Oncken Verlag Wuppertal und Kassel)

2. Mit den winzigen Soldaten zieht der Karsten in den Krieg.
Was da stirbt, das sind nur Feinde. Und er träumt den Traum vom Sieg.

3. Unsre Kinder lernen schießen, und noch töten sie zum Spaß.
Um den Frieden einzuüben, spielt man Frieden. Merkt euch das.

4. Keiner sage, er sei machtlos! Es wird wachsen, was ihr sät.
Wenn der Knopf erst mal gedrückt ist, ist zum Frieden es zu spät.

5. Warum Kriegsspielzeug verbieten? Keiner wird davon zerfetzt.
Aber doch zerstört es Kinder: Ihre Seele wird verletzt.

6. Mit dem Tod läßt sich nicht spaßen. Sterben ist kein Kinderspiel.
Frieden schaffen ohne Waffen! Gebt den Kindern dies als Ziel!

Die Kinder gehen zum Kindergottesdienst.

Lesung: Römer 12,9-18 oder die Seligpreisungen (Matthäus 5,1-10)

Lied: Du schöner Lebensbaum (EG 96,1-4)

MESSAGE

1. Schule, PC-Spiele und Gewalt (Spielszenen)

Szene 1: Ein Schüler wird mit Gewalt aufgeladen

Schüler sitzt in der Schulklasse. Lehrer/in kommt herein.

L: Guten Morgen!

S: Morgen.

L gibt die Klassenarbeit zurück.

L *(in vorwurfsvollem, herabwürdigendem Ton):* Hier, gerade noch 'ne Vier. Ich weiß gar nicht, was das noch werden soll mit dir. So geht das nicht weiter. Keine Arbeitshaltung, kein Interesse, du kannst nichts. Schau dich doch an! Sicher haben deine Eltern nichts als Ärger mit dir.

S: Aber ich war doch ein paar Tage krank...

L: Das heißt gar nichts. Reiß dich demnächst mal etwas zusammen...

S steht auf und geht.

Szene 2: Frust zu Hause

S kommt in sein Zimmer, schmeißt die Tasche in die Ecke, wirft seinen PC an und spielt vor sich hin fluchend ein Ballerspiel. Die Mutter kommt herein.

M: Hey, bist du schon wieder mit diesem Mist beschäftigt...

S ignoriert M.

M: Hallo, ich rede mit dir...! Kannst du nicht mal zuhören?... Hör doch endlich auf damit!...

M wendet sich ab.

M: Ich weiß nicht, was ich noch machen soll... Diese Kiste wird den Jungen noch verderben...

Szene 3: In der Beratungsstelle

M geht zur Jugendberatungsstelle.

M: Mein Sohn spielt den ganzen Tag Computer, und ganz oft Ballerspiele. Also von uns hat er das nicht. Können Sie mir etwas raten, wie ich das ändern könnte?

B: Computerspiele sind gefährlich für die Entwicklung. Ein gutes Buch lesen ist da viel besser. Erklären Sie Ihrem Sohn, woher die Gewaltspiele kommen. Sie sind erfunden worden, um US-Soldaten die Tötungshemmung abzutrainieren. Erklären Sie ihm das, dann wird er vielleicht nachdenklich.

M bedankt sich und geht.

Szene 4: Bei Freunden

Der Schüler geht zu Freunden und berät sich mit ihnen.

F1: Hey, wie siehst du denn aus? Ist dir 'ne Laus über die Leber gelaufen?

S: Ach nee, aber irgendwie ist alles voll der Frust, ey. Ätz in der Schule, meine Mutter dreht völlig durch wegen PC und so...

F1: Du schau mal, was hier im neuen GAMESTAR steht: Da gibt's 'ne neue Studie aus Australien. Die kommt zu dem Schluss *(liest laut vor:)*, »... dass Computerspiele nicht gewalttätig machen. Es gebe keine Hinweise darauf, dass Computerspiele aggressives Verhalten auslösen oder fördern, süchtig machen, das Familienleben oder die Schulleistung beeinträchtigen. Aggressive Inhalte spielen demnach keine primäre Rolle, da sich die Kinder mit den ausdrücklich als fiktiv empfundenen Figuren nicht identifizieren«.[11]

F2: Cool, und guck mal, was hier steht: »In Österreich und der Schweiz gibt es keine Behörde, die wie die deutsche BPjS auch für Spiele zuständig wäre. Quake 3, Kingpin oder Requiem sind dort frei erhältlich. Wie in Deutschland existiert eine freiwillige Selbstkontrolle der Industrie, die allerdings die Händler nicht bindet. Dennoch ist in beiden Ländern Jugendgewalt kein größeres Problem als bei uns.«[12]

---

[11]GameStar, April 2000, 56.
[12]GameStar, April 2000, 58.

S ist verwirrt, nachdenklich.

S: Jetzt weiß ich gar nicht mehr, was ich denken soll...

S geht ab.

Kurzpredigt 1 (Stichworte): Woher kam die Aggression? Schule? Warum verletzt der Lehrer den Schüler? Warum interessiert sich die Mutter nicht für die Ursache (Schule), sondern nur für das Symptom (PC-Spiel)? Hat der Berater jemals selbst ein solches Spiel gespielt?
Aggression gehört zum Menschen, sie hat unterschiedliche Auslöser und dient unterschiedlichen Zwecken. Von Jesus wird berichtet, dass auch er bisweilen aggressiv war: zum Beispiel, als er die Geldwechsler aus dem Tempel gepeitscht hat, mit einem Strick, wie Johannes[13] schreibt.

Liedruf: Herr, gib uns deinen Frieden (EG 436)

2. Unterschiedliche Sichtweisen von Aggression

Vier Typen treten auf und präsentieren ihre Position.

Der christlich verklärte Typ – mit Kreuz und Bibel:
Also ich kann überhaupt nicht verstehen, wie man aggressiv sein kann. Gott hat mir diese Regungen durch seinen Geist völlig genommen. Wenn Jesus in deinem Herzen lebt, dann ist der Alte Adam gestorben. Immer und überall kannst du mit Sanftmut reagieren. Das bring' ich auch unseren Kindern bei. Sollten sie einmal streiten – weil sie im Glauben noch nicht so weit sind –, schimpf' ich nie. Ich bete für sie, dann rede ich mit ihnen. Gewalt lehne ich völlig ab. Ich verstehe, dass die Mutter eben das auch tut. Aber sie hätte mehr Verständnis für die schulischen Probleme ihres Sohnes aufbringen sollen, mit Gottes Geduld wäre ihr das auch sicherlich möglich.

Geht ab.

Der biologisch-realistische Typ – mit einem Buch von Konrad Lorenz: »Das sogenannte Böse«:
Also ich seh' das ganz anders. Kennt ihr das Buch von Konrad Lorenz: »Das sogenannte Böse«? Lorenz ist Verhaltensforscher und hat entdeckt, dass

---

[13] Johannes 2,13 25.

Aggression etwas Natürliches, ja geradezu Lebensnotwendiges ist. Sie dient der Verteidigung und dem Überleben, und dazu darf sie auch eingesetzt werden. Ihr seht doch, wohin die christliche Sicht führt. Gewaltlose werden untergebuttert, weil sie sich nicht wehren dürfen. Und was hat es Jesus eingebracht? Nee nee, nur Stärke macht gelassen.

Geht ab.

Der philosophische Hardliner-Typ – mit einem Bild von Friedrich Nietzsche: Also, ich glaub', ich steh' im Wald, wenn ich das hier alles so höre. Gewaltverzicht? Gewalt nur zur Verteidigung? Wo sollen wir denn da hinkommen? Habt ihr nicht von Nietzsches Übermenschen gehört? Nichts gelernt in der Schule? Der Starke zählt; wer Macht hat, zählt; wer sich durchsetzen kann, zählt; wer herrschen kann, zählt. Lebensrecht hat nur der Starke und Gesunde. Auslese nennt man das in der Natur, und »zurück zur Natur«, das wollt ihr doch auch alle, oder nicht? Okay, Hitler hat es ein bisschen übertrieben mit der politischen Umsetzung von Nietzsches Ideen, aber im Prinzip...

Geht ab.

Der christliche Realist – mit Bibel und Tageszeitung unter dem Arm: Ganz schön heftig, was ich hier so hören muss. Sind wir hier in einer Kirche oder was? Ich finde, Jesus hatte schon ein prima Konzept. Es hat nur alles seinen Preis. Solange die Welt nicht mitzieht beim Programm Gottes, ist es gefährlich, mit Ernst Christ sein zu wollen. Darüber müssen wir uns im Klaren sein. Wie ist es ihm denn ergangen? Er wurde gekreuzigt! Und Martin Luther King? Er wurde erschossen. Und Dietrich Bonhoeffer? Der wurde auch hingerichtet. Und wie sie alle heißen, die großen Christen der Geschichte. Für uns selbst, individuell, können wir ja diesen Preis zahlen. Aber dürfen wir Kindern verweigern, sich zu wehren? Können wir auf unsere Armeen verzichten? Kann man mit Märtyrermentalität Realpolitik betreiben? Sollen wir die Polizei abschaffen und damit dem Gewaltchaos erst recht zum Durchbruch verhelfen? Also ich lese beides, die Bibel und die Zeitung. Und ich habe erkannt, die absolute Gewaltfreiheit wird es doch wohl erst im Reich Gottes geben. Trotzdem: Je mehr Jesusgeist, desto menschlicher wird unsere Welt.

Er legt Bibel und Tageszeitung auf den Abendmahlstisch und geht ab.

Kurzpredigt 2 (Stichworte): Welche der skizzierten Sichtweisen hat eurer Meinung nach Recht? Individuelle und gesellschaftliche Dimension sind zu unterscheiden. Es gibt auch Gewalt, die schützt (Polizei etc.). Aggression gehört zum Menschen, es ist nur die Frage, wozu man sie einsetzt.

Liedruf: Herr, gib uns deinen Frieden (EG 436)

3. Biblische Perspektiven

Pfarrer/in: Hören wir nun einige biblische Perspektiven zum Thema Gewalt. Während der Vorbereitung fiel uns da sehr Gegensätzliches auf. Zuerst eine Stelle bei Moses, das berühmte »Talionsrecht«:

Jugendliche/r geht auf die Kanzel und liest 2. Mose 21,24-25 (mit der Einleitung: »So spricht der Herr...«).

Pfarrer/in: Mose gestattete also Gegenwehr und Rache. Jesus zitiert diese Worte einmal in seiner berühmtesten Rede, der Bergpredigt.

Jugendliche/r geht auf die Kanzel und liest Matthäus 5,38-39 (mit der Einleitung: »So spricht Jesus Christus...«).

Pfarrer/in: Echt krass, was? Der eine sagt so, der andere sagt so. Kein Wunder, dass die ersten Hörerinnen und Hörer dieser Worte ganz schön verunsichert waren. Was gilt denn jetzt? Spielen wir die skizzierten Positionen einmal an zwei Beispielen durch, einer individuellen und einer globalen Situation:

a) Eine alltägliche Begebenheit in der Schule *(vorlesen oder vorspielen):*

»Es war Dienstagmorgen und Karin ging in die Schule. Sie war sehr stolz darauf, dass sie bereits in der dritten Klasse war und ihrem kleinen Bruder ›Gute-Nacht-Geschichten‹ vorlesen konnte. Doch da gab es einen in ihrer Klasse, den Karin überhaupt nicht leiden konnte: den Florian. Florian beschimpfte sie oft, und wenn er ganz gemein war, dann schlug er sie sogar, ganz ohne Grund. So war es auch heute. In der Pause ging Florian auf Karin zu und trat ihr vor das Knie. Eigentlich musste Karin weinen, doch dieses Mal nahm sie all ihren Mut zusammen und lief zu ihrer Klassenlehrerin. ›Frau Hubert! Der Florian hat mich getreten!‹, rief sie. Aber zu Karins Erstaunen antwortete die Lehrerin bloß: ›Ach, das müsst ihr schon unter euch selbst ausmachen!‹ Nach dieser Antwort fühlte sich Karin ziemlich verlassen. Aber sie gab nicht auf. ›Jetzt muss ich die Sache wohl selbst in die Hand nehmen‹, murrte sie und lief zurück auf den Schulhof. Als Florian an ihr vorbeirannte, stellte sie ihm ganz zufällig ein Beinchen. ›Mist, verdammter‹, rief dieser und bemühte sich vom Boden aufzustehen. Gerade in diesem Augenblick klingelte die Pausenglocke. Als der Unterricht wieder begann, ging Florian zur Lehrerin und beschwerte sich über Karin. ›Das war ja wohl die schlechteste aller Lösungen, Karin‹, schimpfte Frau Hubert.

›So etwas kann man doch auch mit Worten regeln!‹ In diesem Moment befiel Karin ein eigenartiges Gefühl, irgendwie zwischen Magenkrampf und Weinen-Müssen. Sie wusste nicht ganz genau, was es war. Doch, sie wusste es: es war Wut! Auf einmal war Karin total wütend. Aber was sollte sie machen?«[14]

Schwierige Frage, was? Hören wir, wie unsere Ethik-Profis die Sache sehen:

Die vier Typen kommen zurück.

Der christlich verklärte Typ – mit Kreuz und Bibel:
Wenn das Mädchen in Reli und im Kindergottesdienst aufgepasst hätte, wüsste es, was Jesus wollte: Frieden. Es würde dann auf die Gerechtigkeit verzichten, dem Jungen verzeihen und zu Hause für ihn beten. Wie Jesus es gesagt hat: die andere Backe hinhalten, das ist richtig.

Er stellt ein Schild auf mit der Aufschrift:
SICH WEHREN IST FALSCH

Geht ab.

Der biologisch-realistische Typ – mit einem Buch von Konrad Lorenz: »Das sogenannte Böse«:
Dass das Mädchen sich um Hilfe kümmert, ist natürlich und richtig. Da sie sie nicht bekommen hat, suchte sie einen eigenen Weg. Das ist äußerst gesund. Die Natur hat ihr genau dafür die Aggression gegeben.

Er stellt ein Schild auf mit der Aufschrift:
SICH WEHREN IST RICHTIG

Geht ab.

Der philosophische Hardliner-Typ – mit einem Bild von Friedrich Nietzsche:
Ist doch klar, wer hier im Recht ist, der Junge. Auf Grund der natürlichen Gesetze von Selektion und Machtkampf muss doch klar werden, wer auf dem Schulhof zu sagen hat. Der Stärkste übernimmt die Herrschaft, denn nur er vermag die anderen zu schützen, das ist doch in jedem Tierrudel so. Der Junge hätte zum Klassensprecher aufsteigen müssen, denn er ist der Kämpfer.

Er stellt ein Schild auf mit der Aufschrift:
DER STÄRKSTE HAT ZU SAGEN

---

[14]Deborah Lehnert, Wohin mit der Wut? In: DER WEG, 11 (2000), 13.

Geht ab.

Der christliche Realist – mit Bibel und Tageszeitung unter dem Arm:
Das ist doch wohl nicht wahr, was hier läuft. Bin ich im Urwald oder was? 2000 Jahre Christentum und nichts kapiert? Der Angreifer gehört in die Schranken verwiesen. Gewalt darf nie dem Angriff dienen. Das Mädchen gehört geschützt und unterstützt. Das wäre der Job der Lehrerin gewesen. Richtig ist immer die Lösung, die möglichst viel Gerechtigkeit bei möglichst wenig Gewaltanwendung erzeugt. Das wäre ein prima Thema für die nächste Reli-Stunde gewesen. Aber Reli soll ja bald abgeschafft werden. Der gewalteindämmende Jesus ist in unserer Gesellschaft kaum noch erwünscht.

Kanon: Herr, gib uns deinen Frieden (EG 436)

b) Ein globales Beispiel: Der Kosovokrieg

Pfarrer/in: Das spektakulärste Gewaltthema der letzten Zeit war der Kosovokrieg. Sollte die NATO Angriffe fliegen oder nicht? Waren die Verhandlungsmöglichkeiten ausgereizt? Wie sollen Christen dazu stehen?

Die vier Vertreter kommen wieder nach vorn und führen eine erhitzte Diskussion über das Für und Wider der Luftangriffe:

Der Verklärte:
Die Kosovoalbaner hätten beten und Gott um Hilfe bitten sollen. Wenn Gott sie nicht beschützt hat, dann hat das sicherlich seine Gründe gehabt. Missionare hätte man hinschicken sollen statt Bomben. Wenn das Herz Gottes bewegt worden wäre, dann hätte es auch Frieden gegeben... Lies Jesaja 31. Damals hat Gott die Israeliten auch angemotzt, als sie ägyptische Truppen um militärische Hilfe baten. Man muss glauben, beten und die andere Backe hinhalten.

Der Biologe:
Mann, bist du weltfremd. Auge um Auge heißt es doch auch. Kennst du deine eigene Bibel nicht? Wenn die Serben angreifen, dann müssen die Albaner geschützt werden. Aggression dient dem Leben, nicht dem Machtkampf. Hat die NATO nicht Recht behalten? Jetzt ist doch Waffenstillstand und die Serben sind gebremst.

Der Nietzsche-Fan:
Mensch, seid ihr Weicheier. Wisst ihr, wer im Recht war? Die Serben! Wer stark ist, der muss auch herrschen, kapiert das eigentlich keiner? Wenn jetzt alles

unter serbischer Hoheit stünde, dann wäre auch Frieden. Jetzt werden wieder die Schwächlinge gepäppelt. Echt dekadent, euer christliches Gesülze.

Der christliche Realo:
Du bist ja wohl völlig von der Rolle! Heißt das, der größte Arsch hat immer Recht oder was? Wäre die NATO wachsam gewesen, hätte sie viel früher eingegriffen und es wäre viel weniger militärischer Aufwand nötig gewesen. Und viele Albaner würden auch noch leben. Die Verhandlungen sind wohl auch nicht alle ausgeschöpft worden, aber da blickt ja kein Mensch so richtig durch. Meiner Meinung nach gehört dies zusammen: beten, verhandeln und den Anfängen wehren...

Kurzpredigt 3 (Stichworte): Mose oder Jesus? Schon Mose wollte durch sein Gebot die Eskalation einschränken. Jesus hat dann recht radikal zum Ausdruck gebracht, was eigentlich Gottes Wille ist. Um den Preis wusste er auch. Kinder zur Wehrlosigkeit erziehen ist wohl nur sinnvoll, wenn wir sie zugleich stark machen. Stärke macht gelassen. Sonst wäre Wehrlosigkeit nichts anderes als in Tugend getarnte Schwäche.
Diskutiert das heute doch mal weiter...

Lied: Laufen und Jagen, Raufen und Schlagen (K. Eickhoff, G. Tesch in: Songs junger Christen 2, Nr. 174)
oder:
Jugendchor: Wenn du uns nicht helfen wirst (W. Siemens, mit Satz in: Singt das Lied der Lieder, Nr. 34)
oder:
Jugendchor: Rache (W. Deiß, mit Satz in: Singt das Lied der Lieder III, Nr. 54)

CREDO (EG 818)

BLESSING

Kollektenansage

Während des Einsammelns Lied: Es gibt eine Botschaft (H. Galter, in: Braunschweiger Beiträge 67 [1994], 50)
oder:
Kanon: Herr, mach mich zum Werkzeug deines Friedens (S. Macht, in: Mein Kanonbuch, Nr. 19)

oder:
Wenn einer zu reden beginnt (R. Weber, L. Edelkötter, in: Mein Liederbuch 2, Nr. B 209)
oder:
Jugendchor: Friedensgruß (Chr. Zehendner, M. Staiger, mit Satz in: Salz und Licht 2, 43)

Fürbittengebet
Aus dem großen Versöhnungsgebet der Kathedrale von Coventry:
»Alle haben gesündigt und mangeln des Ruhmes, den sie bei Gott haben sollten.« (Römer 3,23)
Den Hass, der Rasse von Rasse trennt, Volk von Volk, Klasse von Klasse:
Vater, vergib!
Das habsüchtige Streben der Menschen und Völker, zu besitzen, was nicht ihr eigen ist:
Vater, vergib!
Die Besitzgier, die die Arbeit der Menschen ausnutzt und die Erde verwüstet:
Vater, vergib!
Unseren Neid auf das Wohlergehen und Glück der anderen:
Vater, vergib!
Unsere mangelnde Teilnahme an der Not der Heimatlosen und Flüchtlinge:
Vater vergib!
Die Sucht nach dem Rausch, der Leib und Leben zugrunde richtet:
Vater vergib!
Den Hochmut, der uns verleitet, nur auf uns selbst zu vertrauen, nicht auf Gott:
Vater, vergib!

(aus: Klaus Burba [Hg.], Ich möchte beten – aber wie? Gebetbuch für junge Menschen, Nr. 100)

Oder:
O Herr, mach mich zu einem Werkzeug deines Friedens (EG 830)
Vaterunser

Lied: Schalom für Dorf und Stadt (D. Zils, F. Anstett, in: Umkehr zum Leben, Kirchentagsliederheft 1983, Nr. 697)
oder:
Lied: Du Gott des Friedens (aus Palästina, dt. von R. Schiller, in: Gottesklang, 18)
oder:
Jugendchor: Der Herr behüte dich vor allem Bösen (B. Arhelger, mit Satz in: Singt das Lied der Lieder III, Nr. 29)

oder:
Jugendchor: Geh in Gottes Frieden (M. Buchholz / E. Rink, in: Herz in der Hand, 25)

Segen

Orgelnachspiel

Orgelvorspiel

Begrüßung

Lied: Nun ziehen wir die Straße (EG 558)

Eingangswort

Psalm 43
   Ehr sei dem Vater
Gebet
   Herr, erbarme dich

Kinderchor: *Herzen, die kalt sind* oder *Mit der Spielzeughandgranate*

Lesung: Römer 12,9-18 oder Matthäus 5,1-10

Lied: Du schöner Lebensbaum (EG 96,1-4)

PRÄSENTATION:
1. Schule, PC-Spiele und Gewalt
   Kurzpredigt
   Liedruf: Herr, gib uns deinen Frieden (EG 436)
2. Unterschiedliche Sichtweisen von Aggression
   Kurzpredigt
   Liedruf: Herr, gib uns deinen Frieden (EG 436)
3. Biblische Perspektiven
   Kanon: Herr, gib uns deinen Frieden (EG 436)
   Kurzpredigt
   Lied: *Laufen und Jagen, Raufen und Schlagen*

CREDO (EG 818)

Kollektenansage

Lied: *Es gibt eine Botschaft*

Fürbittengebet

Vaterunser

Lied: *Schalom für Dorf und Stadt*

Segen

Orgelnachspiel

GEWALT –

WIE GEHEN WIR DAMIT UM?

PRAISE[15]

Orgelvorspiel

Begrüßung

Lied: Loben wollen wir und ehren (EG 555)

Eingangswort

Psalm 34* (EG 717.2):
Wenn die Gerechten schreien, so hört sie der Herr
und errettet sie aus all ihrer Not.

---

[15]Zu Theologie, Didaktik und praktischer Durchführung vgl. den vorangehenden Entwurf »GEWALT – was soll man dazu sagen?«. Methodisch wählen wir hier die Form einer Talkshow, weil in der Gemeinde gerade eine Talkshow zum gleichen Thema im Rahmen der Erwachsenenbildung durchgeführt worden ist.

Der Herr ist nahe denen, die zerbrochenen Herzens sind, und hilft denen, die ein zerschlagenes Gemüt haben.
Der Gerechte muss viel erleiden,
aber aus alledem hilft ihm der Herr.
Der Herr erlöst das Leben seiner Knechte,
und alle, die auf ihn trauen.

Gem.: Ehr sei dem Vater (EG 177)

Gebet:
Wir danken dir, Herr, dass wir in Frieden leben dürfen. Wir bitten dich für die vielen Kinder und Jugendlichen, die ohne Frieden leben müssen – an vielen Orten dieser Erde. Hilf, dass wir Menschen werden, die selbst Frieden um sich verbreiten – jetzt wenigstens im Kleinen; später, wenn wir erwachsen sind, vielleicht auch im Großen. Sei du bei uns, damit wir schon jetzt lernen, immer verantwortlich zu handeln und zu leben. Wo wir das heute und morgen tun können, zeige es uns!
(aus: Klaus Burba [Hg.], Ich möchte beten – aber wie? Nr. 99)

Gem.: Amen

Lesung: 2. Mose 2,11-25 oder Mt 2,16-18 oder Joh 8,1-11

Jugendchor: Du lass dich nicht verhärten (W. Biermann, in: Umkehr zum Leben. Kirchentagsliederheft 83, Nr. 721)

MESSAGE

TALKSHOW

CD-Einspielung: Vom Opfer zum Täter (Udo Lindenberg, auf: BRD – Bunte Republik Deutschland, 1989)

Strophe 1
»Es gibt nichts zu tun in der toten Stadt. Leere Fabriken, wo keiner Arbeit hat. Der Hafen ist verlassen – hoffnungslos. Er dreht hier noch durch: was mach ich bloß?
Er hängt den ganzen Tag rum, gehört nirgendwo hin. Eins ist ihm klar: alles läuft ohne ihn. Da will er wenigstens Fan sein vom Fußballverein, wenigstens

stolz darauf, 'n Deutscher zu sein. Und gegen Ausländer sein ist auch schon mal was ...«

Refrain
»Vom Opfer zum Täter ist's 'n kleiner Schritt. Noch gestern ein Nichts und heut' marschierst du mit. ... Jetzt stolperst du mit im braunen Wind.«

Talkrunde 1
Thema: Täter – Opfer

Personen: ein/e Moderator/in, ein Opfer, ein/e Psychologe/in, drei Personen im Publikum
(Texte in der Vorbereitung mit Jugendlichen entwickeln)

a) Ein Opfer von Gewalt wird interviewt. Es erzählt, was geschah (Fall erfinden oder einen aktuellen Fall der Ortspresse entnehmen und schildern), wie es sich fühlte und welche Sanktionen es für den Täter fordert. Das Opfer fordert harte Strafe, wegen der Gerechtigkeit und wegen der Genugtuung.

> Das Opfer belastet den Täter.

b) Ein Psychologe sitzt als Experte im Publikum und wird um Rat gefragt. Er erläutert die Ursachen von Gewalt, etwa unter Bezug auf den zitierten Polizeibericht von Pfeiffer[16] oder auf den Text von Udo Lindenberg. Er schließt mit der Forderung, den Täter zu entlasten, Verständnis für seine Zwangslage zu entwickeln und einen »Täter-Opfer-Ausgleich« anzustreben.
> Der Psychologe entlastet den Täter.

c) Vorbereitete oder echte Publikumsbefragung. Drei Personen in der Kirche äußern ihre Meinung zu dem Vorfall. *(Mit Handmikrophon durch die Reihen gehen.)*

Kurze, zusammenfassende Zwischenmoderation

CD-Einspielung: Der Schundersong (Die Ärzte, auf: Planet punk, 1995)

Strophe 1
»Du hast mich so oft angespuckt, geschlagen und getreten, das war nicht sehr nett von dir, ich hatte nie darum gebeten... «

---

[16]S. Literatur zum Entwurf »Gewalt – was soll man dazu sagen?«.

Refrain
»Gewalt erzeugt Gegengewalt, hat man dir das nicht erzählt? ... Jetzt stehst du vor mir und wir sind ganz allein, keiner kann dir helfen, keiner steht dir bei, und ich schlag' nur noch auf dich ein: Immer mitten in die Fresse 'rein.«

Strophe 2
»Ich bin nicht stark, und ich bin kein Held, doch was zu viel ist, ist zu viel. Für deine Aggressionen war ich immer das Ventil...«

Talkrunde 2
Thema: Security 2000, die totale Überwachungsschule

Personen: ein/e Moderator/in, ein/e Schulexperte/in, ein Security-Mann, ein/e Schüler/in

a) Moderator befragt den Schulexperten zur Gewalt an der Schule. Der Experte beruft sich auf die Studien von Michael Spreiter[17] und stellt folgende Punkte dar: – Gewalt an Schulen nimmt zu – Eltern unterstützen immer häufiger die Bewaffnung von Kindern – 80 % der Lehrkräfte fühlen sich überfordert und reagieren daher auf Gewalt mit Gegengewalt (vgl. Liedtext der Ärzte), indem sie drohen und strafen – das Fernsehprogramm zeigt durchschnittlich 70 Morde pro Tag, hinzu kommen gewisse CD Spiele – andererseits stellt die Institution Schule selbst einen Gewaltfaktor dar, durch strukturelle Gewalt (Schulzwang und Sanktionen). Lösungsvorschläge: Schüler stellen ihre Schulregeln für das Zusammenleben selbst auf – Lehrer beobachten sich gegenseitig im Unterricht und unterstützen sich – Lehrende werden selbst zu Lernenden und schaffen ein »Wir-Gefühl« an der Schule. Dies alles sei besser als »Metalldetektoren an den Eingangstüren«.

b) Ein/e Schüler/in ergänzt: »Wir werden aber in manchen Stunden von bestimmten Lehrer(inne)n auch mit ›Aggression aufgeladen‹. Z.B. Herr X / Frau Y: Macht man bei denen mal einen kleinen Fehler, kriegt man direkt 'ne volle Ladung Zynismus um die Ohren: wohin wir's noch bringen ... was unsere Eltern doch zu bedauern seien ... oder dass wir alle Looser wären ... Nach der letzten Stunde haben alle (erregt) voll so'n Hals, ey. Aber davon spricht keiner...«

c) Der Security-Mann 2000 schildert seinen Lösungsvorschlag mit einer Spielszene. Er wittert ein neues Geschäft mit dem Chaos:

---

[17]S. Literatur zum Entwurf »Gewalt – was soll man dazu sagen?«.

Spielszene: zwei Schüler/innen, ein/e Lehrer/in, Security-Mann

L will unterrichten, S1 arbeitet mit, S2 motzt und stört. S2 lässt sich durch mehrfache Ermahnung nicht beruhigen. Hinten in der Klasse steht der Security-Mann 2000. Er kommt nach vorne, setzt S2 eine Spritze mit den Worten: »Das haben wir schnell – Schulpharma forte forscht für den Frieden.« S2 wird ruhig, L bedankt sich.

Kurze, zusammenfassende Zwischenmoderation

Jugendchor: Mache mich zum Werkzeug (T: nach einem Gebet des Hl. Franziskus von Assisi; M: 1993 Basileia Music, Bern, © VG Musikedition, Kassel)

Oder:

Selig sind, die Frieden stiften (P. Strauch in: Singt das Lied der Lieder II, Nr. 49)

Talkrunde 3
Thema: Was würde Jesus dazu sagen?

Personen: ein/e Moderator/in, Jesus

Der Moderator begrüßt als Experten zum Thema »Herrn Jeschua aus Naza-reth«.

Moderator: Herr Jeschua, Sie haben ein Buch zum Thema verfasst, das sich mittlerweile zum meistverkauften Buch aller Zeiten etabliert hat *(hält die Bibel hoch).* Hier, in Kapitel 5 Ihrer berühmten Rede am See Genezareth schreiben Sie ... *(liest aus der Bergpredigt, Mt 5,38-45).* Wie ist das genau zu verstehen?

Jesus stellt sein Bergpredigtkonzept vor [die Erarbeitung dieser Ausführungen bieten im Vorfeld eine gute Gelegenheit für ein Gespräch des Jugendkreises mit dem/der Pfarrer/in]:

Jesus *(stichwortartig):* Kreislauf der Eskalation durchbrechen – das Böse gegen die Wand laufen lassen – Böses mit Gutem vergelten – den Geist Gottes in die menschliche Realität einspeisen – ein Stück Gottesherrschaft wahr werden las-sen durch eine neue Ethik etc. *(Wörtlich:)* Ich kann Ihnen das einmal demons-trieren.

Moderator: Und dazu schalten wir mal eben nach Judäa:

Selbstentworfenes Anspiel zu Johannes 8,1-11 oder zu Lukas 22,47-51

Jesus: Sehen Sie: Normalerweise erzeugt Gewalt Gegengewalt, in meinem Konzept aber erzeugt Gewaltlosigkeit Frieden. Cool, was?

Der Moderator eröffnet eine Diskussion zwischen allen Beteiligten über das Jesuskonzept:

Schüler/in: Na toll, soll ich jetzt zu den Ekellehrern auch noch nett sein...?

Psychologe/in: Gar nicht schlecht, Täter-Opfer-Ausgleich durch Verzicht auf Strafe. Ganz schön modern, Ihr Konzept...

Einer aus dem Publikum: Ja, und wohin hat diese Schwärmerei geführt? Dass man Sie »alle gemacht hat«, mit Hilfe der gewalttätigen Römer. Toller Fortschritt...

Jesus: ...der Fortschritt kam am »dritten Tage...«!

Kurze Pause.

Schulexperte/in: Ich weiß nicht recht. Sollen jetzt überreizte Lehrkräfte auch noch »die andere Backe hinhalten«? Dann werden sie ja von den Schüler(inne)n ganz über den Tisch gezogen. Stehen Sie mal vor so 'ner Meute...

Security-Mann 2000: Ich weiß nicht, was die alle hier empfehlen, ich empfehle Schulpharma forte – wir forschen für den Frieden...

Kurzpredigt mit offenem Schluss (Stichworte): Bergpredigt: Illusion oder wirksames Konzept? – Jesus: gescheitert oder »der Weg«? – Wir sind in seine Nachfolge gerufen – An welcher Front kämpfen *wir* gerade mit Gewalt und Gegengewalt? – Wir regen ein Gespräch an, heute Nachmittag, zu Hause, in den Familien, zwischen uns und unseren Kindern... Und möglicherweise auch mit Gott ...

Jugendchor: So ist Versöhnung (J. Werth / J. Nitsch, in: Singt das Lied der Lieder III, Nr. 18)

CREDO

BLESSING

Kollektenansage

Jugendchor oder Gemeinde: Ein neu Gebot (in: Das gute Land, Nr. 67; Satz in: Preist ihn, Nr. 260)

Fürbittengebet:
Wir danken dir, Gott, für dein Wort, für dein Erbarmen, für unsere Gemeinschaft in der Gemeinde. Was wir von dir an Zuwendung erfahren haben, erbitten wir auch für andere.

Wir bitten dich heute besonders für die Jugendlichen unserer Gemeinde. In dieser Zeit, in der Kirche und Tradition vielen Menschen nichts mehr bedeutet und die Hemmschwelle in der Kriminalität immer mehr sinkt, bitten wir dich, behüte sie vor falschen Vorbildern und schütze sie vor Menschen, die sich aufspielen. Befähige sie zu einem Leben in persönlicher Verantwortung nach deiner Weisung, damit sie das Gesicht dieser Gesellschaft positiv mitgestalten.

Gem.: Herr, wir bitten dich, höre unser Rufen.

Herr, wir tragen unsere Sorge vor dich: Auch bei uns, in unserer Stadt, in unserer Gemeinde, nimmt die Gewaltbereitschaft in erschreckendem Maße zu. Junge Menschen, Kinder, werden von Horden gejagt und angegriffen. Niemand kommt ihnen zu Hilfe. Wir bitten dich, nimm dich der Opfer an und bewahre uns davor, in der Zuschauerrolle zu verharren. Befähige uns zum Umdenken und Handeln.

Gem.: Herr, wir bitten dich, höre unser Rufen.

Gott des Friedens, wir bitten dich für die, die gedemütigt werden. In ihren Familien, am Arbeitsplatz oder in der Schule. Richte sie auf und beschäme die, die sie demütigen. Mach, dass die Würde jedes Menschen geachtet wird, dass wir in deiner Nachfolge offen dafür eintreten.

Gem.: Herr, wir bitten dich, höre unser Rufen.

Vaterunser

Lied: Unfriede herrscht auf der Erde (EG 671)
oder:
Friede sei mit dir (M. Siebald, in: Singt und dankt. Lieder und Gebete, Beiheft '84, Nr. 708)
oder:
Friedensgruß (Chr. Zehendner, mit Satz in: M. Staiger, Chr. Zehendner, Er hört dein Gebet, 4)

Segen

Orgelnachspiel

----------------------**PAPER**--------------------

Orgelvorspiel

Begrüßung

Lied: Loben wollen wir und ehren (EG 555)

Eingangswort

Psalm 34* (EG 717.2)
   Ehr sei dem Vater
Gebet
   Amen

Lesung: 2. Mose 2,11-25 oder Mt 2,16-18 oder Joh 8,1-11

Jugendchor: *Du lass dich nicht verhärten*

TALKSHOW:
CD Einspielung: Vom Opfer zum Täter
Talkrunde 1
CD Einspielung: Der Schundersong
Talkrunde 2
Jugendchor: *Mache mich zum Werkzeug deines Friedens*
Talkrunde 3
Selbstentworfenes Anspiel
Diskussionsrunde zwischen allen

Kurzpredigt

Jugendchor: *So ist Versöhnung*

CREDO

Kollektenansage

Jugendchor: *Ein neu Gebot*

Fürbittengebet

Vaterunser

Lied: Unfriede herrscht auf der Erde (EG 671)

Segen

Orgelnachspiel

GOTT IN DER ROCKMUSIK –

GIBT ES DAS?

1. Zur Theologie

Rockmusik ist ein in Kirche und Theologie umstrittenes Phänomen. Von den einen als »dämonisch« abgelehnt *(J. Rockwell)*, von den anderen religions-pädagogisch nutzbar gemacht und in Korrelation zur Spiritualität gesetzt *(H. Treml)*, stellt sie eine hervorragende Möglichkeit dar, mit Jugendlichen über reli-giöse Themen und Fragestellungen ins Gespräch zu kommen. Vornehmlich im englischsprachigen Bereich, zunehmend aber auch im deutschen Sprachraum, verarbeitet Rockmusik biblische Motive. Für die Heavy-Metal-Szene scheint die Offenbarung des Johannes fast die Haupttextquelle zu sein. Hinzu kommt der gesamte Bereich existentieller Grundthemen wie Angst, Leid, Ungerechtigkeit, Aggression, Gewalt, Krieg und Tod. Rockmusik, aus den »Klageliedern« von Spiritual und Blues hervorgegangen, war ursprünglich angetreten als Ausdruck und zugleich als Aufschrei gegen das Böse in der Welt, wie besonders der Text von Udo Lindenbergs »Grande Finale« zeigt. Das legendäre Woodstockfestival im Jahre 1969 verstand sich als Protestaktion gegen den Vietnamkrieg. Man könnte moderne Rocktexte und -sounds in gewisser Weise als säkularen Aus-druck des Kreuzesschreies Jesu verstehen: »Gott, mein Gott, warum hast du mich verlassen?« (Mk 15,34). Freilich fehlt die österliche Antwort, sieht man einmal von genuin christlichen Metalbands wie *Mortification* u.a. ab. Rockmu-sik steht für den Schrei der unerlösten Welt, ist eine Ausdrucksform ihres »Seufzens« (vgl. Römer 8,18-26). Das hat mit Religion zu tun, und zwar heftig. Dass sich daneben mittlerweile eine satanistisch geprägte Rockszene mit dem Ziel der Gewaltverherrlichung entwickelt hat, steht auf einem anderen Blatt und ist nicht Gegenstand dieses Gottesdienstes. Gleichwohl sollte dies in der Vorbereitungsarbeit mit Jugendlichen behandelt werden.

2. Zur Didaktik

Wir befragen Rocktexte auf existentielle und religiöse Aussagen hin. Die Ergebnisse werden mit biblischen Texten verglichen, die Affinitäten und Unterschiede gemeinsam ermittelt. Didaktisches Ziel ist die Erkenntnis, dass Rock und Religion die gleichen Fragen behandeln, indem sie das Leiden einer unerlösten Welt artikulieren – wenn auch mit unterschiedlichen Antworten. Während nämlich die Rocker im Schreien verharren, brachte Jesus eine Hoffnung ... (vgl. Offb 21).

3. Praktische Tipps zur Durchführung

3.1 Jugendliche kennen sich in der aktuellen Musikszene am besten aus. Die Gruppe vereinbart, die privaten Bestände auf Religiöses hin zu durchforsten und Titel vorzuschlagen, die besprochen werden sollen.

3.2 Die ausgewählten Titel werden angehört, die Texte, meist im CD-Booklet abgedruckt, studiert. Englische Texte werden gemeinsam übersetzt. Alle bringen ihr englisches Wörterbuch mit. Die Texte sollten auf Folien geschrieben und während der Präsentation im Gottesdienst gezeigt werden. Die hier vorgeschlagenen Songs sind nur Beispiele. Da die Musikszene sehr schnelllebig ist, sind zum Erscheinen dieses Buches ganz andere Titel aktuell.

3.3 Ist der Sinn einigermaßen geklärt, halten wir Ausschau nach biblischen Bezügen und Vergleichstexten. Dabei stoßen wir meist auf Klagepsalmen, die Passionsgeschichte und apokalyptische Texte. Die Verarbeitung der biblischen Motive in den Rocktexten wird diskutiert. Wie erfolgte die Rezeption? Vollständig, partiell, texttreu, entstellend, verfremdend?

3.4 Musiklehrer/innen behandeln zunehmend aktuelle Musik im Unterricht. Bieten sich Kooperationsmöglichkeiten zwischen Reliunterricht, Musikunterricht und kirchlicher Jugendarbeit vor Ort?

4. Requisiten

CD-Player, selbsterstellte Folien, Folienschreiber, ein tragbares Kreuz, weißes Bettlaken.

5. Literaturhinweise

Uwe Böhm, Gerd Buschmann, Ein Gleichnis in der Rockmusik – Bruce Springsteen »My father's house« und Lk 15,11-32. Ein rezeptionsästhetischer Versuch, in: Zeitschrift für Neues Testament (ZNT) 3 (1999), 53-62.

Gotthard Fermor, Ekstasis. Das religiöse Erbe in der Popmusik als Herausforderung an die Kirche, Stuttgart-Berlin-Köln 1999.

Michael Höhn, Songs to Heaven. Meine Musik – mein Leben, Gütersloh 2000.

Jan Koenot, Hungry for Heaven. Rockmusik, Kultur und Religion, Düsseldorf 1997.

John Rockwell, Trommelfeuer. Rocktexte und ihre Wirkungen, Asslar 1983.

Matthias Schröder, God is a DJ. Gespräche mit Popmusikern über Religion, Neukirchen-Vluyn 2000.

Rolf Siedler, Feel it in your Body. Sinnlichkeit, Lebensgefühl und Moral in der Rockmusik, Mainz 1995.

Lee Strobel, Was würde Jesus zu Madonna sagen?, Wiesbaden-Wuppertal-Zürich 1995.

Hubert Treml, Spiritualität und Rockmusik. Spurensuche nach einer Spiritualität der Subjekte. Anregungen für die Religionspädagogik aus dem Bereich der Rockmusik, Schwabenverlag, 1997.

PRAISE

Jugendchor: Singt das Lied der Lieder (M. Siebald, in: Songs junger Christen 3, 131, Chorsatz in: Lieder für Jugendchöre, Bd. 1, Nr. 1)

Begrüßung

Lied: Steht auf und lobt unsern Gott (J. Slottheden, in: Hört zu – Singt mit. 43 Lieder junger Christen, 22)
oder:
Singet dem Herrn ein neues Lied (EG 287)

Eingangswort

Psalm 98 (EG 742):
Singet dem Herrn ein neues Lied,
denn er tut Wunder.
Er schafft Heil mit seiner Rechten

und mit seinem heiligen Arm.
Der Herr lässt sein Heil kundwerden;
vor den Völkern macht er seine Gerechtigkeit offenbar.
Lobet den Herrn mit Harfen,
mit Harfen und mit Saitenspiel!
Mit Trompeten und Posaunen
jauchzet vor dem Herrn, dem König!

Oder:

Singet dem Herrn ein neues Lied,
aber nur nicht mit Schlagzeug, Beat und Hammond-Sound,
und nur in frommen Kreisen.
Singet dem Herrn ein neues Lied,
aber nur mit Texten von 1870,
und nur dem Herrn und nicht dem Nächsten.
Singet dem Herrn ein neues Lied,
aber nur in der Sprache von gestern,
mit einer Sprache, die nicht unsere Sprache ist.
Singet dem Herrn ein neues Lied,
morgen, morgen, nur nicht heute:
auf den Straßen der Welt, mit den Worten des Tages, und dem Sound in life.
Singet dem Herrn ein neues Lied,
warum nur nicht heute dem heutigen Gott?
Warum nicht dem Menschen neben mir?
Warum erst morgen?
(nach Ps 149. Übertr. v. U. Seidel / D. Zils, Psalmen der Hoffnung, Gladbeck
1973, 205)

Gem.: Ehr sei dem Vater (EG 177)

Herr, unser Gott.
Tausend Dinge beschäftigen uns täglich,
aber wann beschäftigen wir uns mit dir?
Tausend Gedanken gehen täglich in unserem Kopf herum,
aber wann denken wir an dich?
Tausendmal hast du uns berührt,
und »tausendmal ist nichts passiert« *(K. Lage)*,
weil wir uns eingerichtet haben, träge geworden sind,
uns abfinden mit der Welt, so wie sie ist.
Wir hören den Aufschrei der Leidenden nicht mehr,
haben uns an das Absurde gewöhnt.

Müssen erst die »Steine [Stones, Rock!] schreien« (Lk 19,40)?
Herr, erbarme dich!

Gem.: Herr, erbarme dich.

Wach auf,
der du schläfst,
und steh auf von den Toten,
so wird dich Christus erleuchten.
(Eph 5,14b)

Gem.: Ehre sei Gott in der Höhe (EG 180.3)

Jugendchor: Rock my soul (Spiritual, in: Songs junger Christen 2, 255)

Lesung:
Phil 1,12-18 [Christus verkündigen auf »jede Weise«]
oder:
Eph 5,15-20 [»...singt und spielt dem Herrn...«]
oder:
Lk 19,28-40 [»...so werden die Steine schreien...«]

Lied: Nun ziehen wir die Straße (EG 558)

MESSAGE

Pfarrer/in: Gott in der Rockmusik ist unser Thema. Manch einer mag sich wundern, was das miteinander zu tun hat, »Rock« und »Gott«? In unserem Jugendkreis haben wir uns mehrere Wochen mit dieser Frage beschäftigt, die unterschiedlichsten Titel gehört, ihre Texte übersetzt und – man höre und staune – Spuren der Religion in der Rockmusik entdeckt. Ein paar Kostproben davon wollen wir euch und Ihnen nun präsentieren.
Der erste Titel stammt von der Gruppe *Bon Jovi* und heißt »Keep the faith« – »Bewahre den Glauben«. Hören wir mal 'rein.

1. Hörbeispiel: Bon Jovi, Keep the faith
(in: Bon Jovi, Keep the faith)

Titel läuft von der CD, erste Strophe und erster Refrain, dann Fade out. Die Text-übersetzung (s. Kopiervorlage) wird mit dem Tageslichtschreiber an die Wand projiziert.

Dialog von zwei Jugendlichen:

J1: Is' ja voll cool, was Jon Bon Jovi da singt: »Bewahre den Glauben ...« Das find' ich auch. Ohne Glauben an die Menschheit läuft gar nichts.

J2: Wieso das denn? Siehst du etwa nicht fern? Das ganze Leid, und der Hunger, und zuletzt noch: Massaker im Kosovo und Bomben auf Belgrad? Mann, da soll noch einer an die Menschheit glauben? Und an Gott schon gar nicht! Klar, Bon Jovi kriegen 'ne Menge Kohle für so'n Lied, kommt ja auch gut 'rüber, die Nummer – aber glauben? Nee ..., ich weiß nicht.

J1: Ach komm, ich fänd's schon super, wenn die Menschen mal wieder etwas nachdenklicher würden.

Jugendliche ab.

Pfarrer/in: Tja, erstaunlich, nicht wahr? Millionen Leute haben diese Platte gekauft und vermutlich gar nicht mitbekommen, dass hier vom Glauben gesungen wird. Vom Vertrauen in sich, andere und Gott. Wie sagte Jesus: Liebe deinen Gott und deinen Nächsten wie auch dich selbst?

Der nächste Song stammt von *Udo Lindenberg* und heißt »Grande Finale«. Textlich nicht unbedingt bürgerlich gewählt, dafür umso deutlicher. Lindenberg beschreibt die apokalyptische Katastrophe, die die Menschen selbst heraufbeschwören – wenn sich nicht bald was ändert:

2. Hörbeispiel: Udo Lindenberg, Grande Finale
(in: Udo Lindenberg, Udopia)

Song läuft ab: »Am Tage, als ...« bis zum Ende des Refrains. Statt einer – wegen der deutschen Sprache vielleicht überflüssigen – Textfolie kann inhaltlich folgendermaßen näher auf den Text eingegangen werden:
»Das Lied bezieht sich auf die Schöpfungsgeschichte und auf die apokalyptischen Weltuntergangstexte der Bibel. Gott schuf die Welt in sieben Tagen. Am Ende eines jeden Tages sah er, ›dass es gut war‹. Nach Lindenbergs Version fand Gott die Welt am Ende des siebten Tages allerdings doch nicht so gut, daher will er sie wieder vernichten. Da er es nicht schafft, vergisst er die Welt und

überlässt sie sich selbst. Dies ist die Erklärung dafür, warum Gott Leid zulässt. Er hat die Welt abgeschrieben!

Udo Lindenberg verfasste diesen Text kurz nach der Katastrophe von Tschernobyl. Lindenberg klagt Gott an; er macht seinem Ärger Luft. Das Stück heißt: ›Grande Finale‹, das ›große Ende‹ oder vielleicht besser: das ›dicke Ende‹? Lindenberg singt davon, dass die Erde immer weiter durch Menschen verwüstet wird, bis sie schließlich völlig zerstört sein wird.

Der Text mag blasphemisch und unverschämt erscheinen, aber es ist eine Art, mit dem Leid dieser Welt und den Klagen, die wir vor Gott haben, umzugehen. Der Ausschnitt, den wir gehört haben, beschreibt die Unbekümmertheit, mit der politisch Verantwortliche bisweilen mit dieser Perspektive umzugehen scheinen.«

Ein/e Jugendliche/r erinnert kurz in freier Erzählung an die Geschichte von Sodom und Gomorrha (vgl. 1. Mose 18-19).

Pfarrer/in: Uns Udo ... ja ... Der Mann nimmt ja kein Blatt vor den Mund. Irgendwie erinnert mich sein Text an 1. Korinther 15,32: »... lasst uns essen und trinken; denn morgen sind wir tot ...«. Egal was kommt – nach uns die Sintflut ... !

Ganz anders macht es die Heavy-Metal-Gruppe Iron Maiden in ihrem Stück »Sign of the cross«, »Im Zeichen des Kreuzes«. Hier geht es um die Angst vor dem Jüngsten Gericht:

3. Hörbeispiel: Iron Maiden, Sign of the cross
(in: Iron Maiden, The X Factor)

Szene zum Lied, pantomimisch
Der Song beginnt mit mystischem, mönchsartigem Gesang. Text an der Leinwand. Drei Spieler gehen nach vorne und legen sich vor den Abendmahlstisch. Sie werden mit einem weißen Laken bedeckt. Einer kommt vom Eingang der Kirche langsam schreitend auf den Altar zu. Er trägt ein Kreuz vor sich her. Zu der Musik spricht jemand betont eindringlich, mystisch und theatralisch:

Eines Tages ... wenn die Welt am Ende ist ... wird Christus zurückkommen ... mit dem Zeichen des Kreuzes ... und die Toten werden auferstehen ...

Das Laken wird weggezogen, die Drei erwachen und stehen langsam auf. Sie starren auf den kommenden Christus und stellen pantomimisch den Text dar:

und sie starren den an, der da kommt ... Wer ist er? ... Wozu kommt er? ...

Was wird er tun? ... Wird er uns richten? ... Wird er uns retten? ... Und den Menschen werden Reste ihres Glaubens in den Sinn kommen ... allein in Wind und Regen ... Sie fühlen die Angst, die in ihnen aufsteigt ... spüren den aufkommenden Sturm ...

Wenn der rockige Rhythmus beginnt, geraten die »Auferstandenen« in Panik. Sie gestikulieren wild, einer wendet sich ab:

... und sie fühlen, wie Angst die Ehrfurcht fern hält ... wie Zweifel quälen ... Glauben wir ... Glauben wir nicht? ... Alles, was bleibt, ist Warten ... Warten ... Warten ... Warten (immer leiser werden).

Wenn der Refrain einsetzt, hebt der Christus das Kreuz hoch, die »Auferstandenen« fallen zu Boden, vor ihm nieder, z.T. auch abgewandt.

(Laut:) Und das Zeichen des Kreuzes ... ist es nur noch der »Name« der Rose, die unser Leben zum Blühen bringen sollte?

Musik nach dem Refrain aus. Jesus geht weg. Die »Auferstandenen« erheben sich und schlagen kopfschüttelnd und ratlos einen Bogen um den Altar und bleiben vor der Kanzel stehen. Ein/e Jugendliche/r (Prediger = Pr.) steigt auf die Kanzel und verkündet ihnen das Evangelium:

Pr: Warum geht ihr fort von eurem Erlöser?
1: Erlöser? Wer war das überhaupt?
2: Genau – wollte der uns jetzt in die Hölle werfen oder was?
3: Oder war es etwa Gott?

Pr: Nein, das war Jesus, der Sohn Gottes. Er ist gekommen, um euch ins Paradies zu führen – wenn ihr an Ihn glaubt.
1: Hört sich gut an. Und was müssen wir dafür tun?
3: Ach, als ob ich ins Paradies kommen würde (ha)! Alles Quatsch!

Pr: Habt ihr nie in eurer Bibel gelesen, geschlafen in Konfi ...? Sie sagt, dass Jesus eines Tages eine neue Welt, ein Paradies, schaffen wird. Und dann werden wir auferstehen. Alles, was ihr tun müsst, ist, die Fehler eures Lebens einzugestehen und Ihm zu vertrauen – Keep the faith!
1: Das hört sich ja gar nicht so schwer an, wie ich immer dachte!
2: Ja, meint ihr denn, das stimmt überhaupt?
3: Also ich glaub' das nicht. Guck dir doch die Erde an. Sodom und Gomorrha ist das. Das weiß doch jeder Udo ... Daraus soll ein Paradies entstehen? Dass ich nicht lache!

Pr: Der Prophet Daniel schrieb einmal: »Die unter der Erde schlafen, werden aufwachen« (Dan 12,2). Und Johannes schreibt in seiner Offenbarung: »Siehe, ein neuer Himmel und eine neue Erde ... Und Gott selbst wird bei uns sein ... und der Tod wird nicht mehr sein, noch Schmerz, noch Geschrei« (Offb 21,3f). Und alles Alte ist vergangen.

Prediger ab.

1: Ey, wisst ihr was? Was der Typ da von sich gibt, hört sich echt super an. Warum hat mir das nie einer verklickert?
3: Was? Super? Nee nee, für mich klingt das alles ziemlich weit hergeholt, echtes Mystikschmalz ... Außerdem, was nachher kommt, ist mir sowieso egal. Kommt, lasst uns essen und trinken, denn morgen sind wir ...
1: ... na was ... ? Tot sind wir! Eben, mausetot! Das kann dir doch nicht ernsthaft egal sein!?
3: Ach, hör doch auf! Der Typ ist weg, und wir haben unsere Ruhe. Religion macht einen ja echt kirre, Mann.
1: Aber er wird wiederkommen, und dann müssen wir ...
3: ... jetzt hör aber auf. Du quasselst ja schon genauso wie dieser Himmelskomiker da.
1: Ja, ich höre auf, aber *auf* das Evangelium.
3: *(Laut:)* Du erlebst jetzt gleich die Hölle auf Erden!
2: Mensch Leute – Schluss jetzt – da blickt ja keiner mehr durch. Ich glaub', ich geh' jetzt nach Hause und zieh' mir erst mal ne 'coole CD rein!

Alle ab. Sprecher 2 geht zum CD-Player und hört Musik. Es läuft:

4. Hörbeispiel: Die Toten Hosen, Ich will nicht ins Paradies
(in: Die Toten Hosen, Opium fürs Volk)

Ratlos tritt Sprecher 2 vor den Abendmahlstisch. Mehrere Jugendliche bilden einen Halbkreis um ihn. Auf der einen Seite die Glaubenden, auf der anderen die Toten-Hosen-Fans. Sie streiten laut.

Glaubender: Was will der denn? Nicht ins Paradies? Wieso ist der Weg dahin schwierig? Hat der keine Ahnung oder was?

Fan: Ha, der hat mehr Ahnung als du. Überleg doch mal! Immer in die Kirche gehen, immer fein anziehen, immer schön brav sein. Nee, das is' nix für mich.

Glaubender: Ich glaub', der kennt die Bibel nicht. Da steht nichts von schwierig. »Keep the faith«, steht da, bewahre den Glauben, das ist genug!

Fan: Aber die ganzen Gebote. Was man alles darf und was man nicht darf. Das kriegt doch nie einer auf die Reihe!

Glaubender: Aber woher willst du wissen, dass alles nicht stimmt? Bist du schon mal auferstanden?

Fan: Nee, du etwa?

Kurzes Schweigen.

Alle Glaubenden *(laut):* Wer den Sohn sieht und glaubt an ihn, kommt nicht in das Gericht!

Kurzpredigt über Joh 5,24 (Stichworte): Der Iron-Maiden-Text verbindet das Jüngste Gericht in erster Linie mit Angst statt mit Rettung ... Der Glaube, von dem man mal was gehört hatte, ist zu verunsichert, um durchzutragen ...
Der Toten-Hosen-Text transportiert mittelalterliche Vorstellungen vom Weg in den Himmel – irgendwie hat Campino noch nicht mitgekriegt, dass Martin Luther[18] das schon vor 450 Jahren korrigiert hat ...
Johannes sieht das alles völlig anders: »Wer den Sohn sieht und glaubt an ihn, kommt nicht in das Gericht!« (5,24). Dazu ist Jesus in unsere Welt gekommen, um Vertrauen in Gott zu schaffen und uns eine Hoffnung zu geben ... Wer Christus vertraut, für den ist die Sache mit dem Gericht erledigt ... er hat Anteil an Gottes neuer Welt ... Er wird leben, auch wenn er stirbt ... »Ich will gern ins Paradies, weil der Weg dorthin sehr einfach ist« ... Würd' ich den Jungs von den Toten Hosen gern mal durchfaxen ...

Jugendchor: SOS, SOS! Gott will retten (T+M: Christoph Neumann, aus: »Songs junger Christen«, Bd. 3, © Hänssler Verlag, D-71087 Holzgerlingen)

---

[18]Vgl. unseren Gottesdienstentwurf »Martin Luther – wer war das denn?«

Refrain

S O S, S O S! Gott will ret-ten! Gott will ret-ten!

S O S, S O S! Hör aufs Wort! Hör aufs Wort!

S O S, S O S! Gott will ret-ten! Gott will ret-ten!

S O S, S O S! Lauf nicht fort! Lauf nicht fort!

1. Gott, un - ser Va - ter, liebt al - le Men-schen, gro - ße und
2. Je - sus ist un - ser Ret - ter ge - wor - den. Er starb am
3. Weil vie - le Men-schen Je - sus nicht ken - nen, braucht er als

klei - ne, dich und auch mich. Denn al - le Men-schen hat er ge -
Kreuz für dich und für mich. Er ist le - ben - dig, ist auf - er -
Bo - ten dich und auch mich. Denn sei - ne Kraft kann Her - zen ver -

schaf-fen. Hab kei - ne Angst, er sorgt auch für dich!
stan-den. Komm doch zu mir! So ruft er auch dich.
än - dern; und wenn er will, ge - schieht es durch dich.

Ein aktueller Hit soll am Ende stehen. Es ist der Titelsong des Films *Der Prinz von Ägypten,* der den Auszug der Israeliten im Zeichentrickformat präsentiert. Zugegeben, es ist zwar kein Rocksong, aber ich weiß, dass viele von euch auf dieses Lied stehen. Aber, Hand aufs Herz, habt ihr gewusst, dass diese Scheibe fast eine Predigt ist ... ?

5. Hörbeispiel: Mariah Carey & Whitney Houston, I believe
(in: OST The Prince of Egypt)

Song läuft mit gleichzeitiger Textprojektion bis zum Ende des ersten Refrains und bleibt unkommentiert.
Dann kurze Stille.

I believe ... Lasst uns gemeinsam unseren Glauben bekennen:

CREDO

BLESSING

Kollektenansage

Während des Einsammelns: Lied: Herr, gib uns Mut zum Hören (EG 605)

Fürbittengebet:
Herr, unser Gott, wir haben so viele Fragen an dich.
Es gibt so viele Dinge, die wir nicht erklären und verstehen können.
Warum lässt du Leid zu? Warum gibt es das Böse?
Welche der vielen Kirchen hat eigentlich Recht?
Gibt es ein Gericht nach dem Tod, und wenn ja, wie sieht es aus? Was wird mit uns geschehen?
Wir sind unvollkommen und schaffen es oft nicht, deine Gebote zu befolgen.
Gib uns die Kraft, am Glauben festzuhalten und uns mit unseren Zweifeln so auseinanderzusetzen,
dass wir es schaffen, uns am Ende ganz in deine Hand zu geben, ohne Wenn und Aber.
Du bist der Einzige, der uns unsere Fragen irgendwann beantworten wird.
Bis dahin hilf uns, nach bestem Wissen und Gewissen deinen Willen hier auf Erden zu tun.

Wir bitten dich für alle, die am Leid dieser Welt verzweifeln …

(Hier aktuelle Fürbitten einsetzen)

Dir wollen wir vertrauen, wie du gesagt hast: *Wer den Sohn sieht und glaubt an ihn, der wird gerettet*. Das wollen wir weitersagen, und wenn wir schweigen, so lass die Steine schreien …

Gemeinsam beten wir: Vater unser …

Jugendchor: Friede sei mit dir (M. Siebald, in: Singt und dankt. Beiheft '84 EKG, 708)

Segen

Orgelnachspiel

KOPIERVORLAGE

Sinngemäße Kurzfassungen der englischen Titel

KEEP THE FAITH – BEWAHRE DEN GLAUBEN

Jeder braucht einen, den er lieben kann....,
jeder braucht einen, den er hassen kann...?
Jeder hat miese Seiten, weil niemand genug kriegen kann...

Glaube: du weißt, du wirst auch leben, wenn's schwer fällt...
Gott, du wirst den Glauben bewahren...
Glaube: lass deine Liebe nicht zu Hass werden!
Bewahre den Glauben...

SIGN OF THE CROSS – DAS ZEICHEN DES KREUZES

Elf Männer in Leichentüchern, ihre Silhouetten vor dem Horizont,
einer hält vorne ein Kreuz hoch, kommen,
um mir meine Sünden wegzunehmen...

Du stehst allein in Wind und Regen,
fühlst die Angst...,
spürst den Wechsel der Gezeiten...
Du fühlst, wie ... du anfängst zu zweifeln.
Nun wird dein Glaube geprüft...

Das Zeichen des Kreuzes
Der Name der Rose...

I BELIEVE – WENN DU GLAUBST

In vielen Nächten beten wir ohne Beweis...
In unseren Herzen ist ein hoffnungsvolles Lied...
Wir sind ohne Furcht, obwohl wir wissen, dass es viel zu fürchten gibt.
Wir versetzten Berge,
bevor wir wussten, dass wir es konnten.

Es gibt Wunder, wenn du glaubst...
Du wirst es verstehen, wenn du glaubst...

92

Jugendchor: *Singt das Lied der Lieder*

Begrüßung

Lied: *Steht auf und lobt unsern Gott*

Eingangswort

Psalm 98 (EG 742)
Ehr sei dem Vater
Gebet
Herr, erbarme dich
Gnadenspruch
Ehre sei Gott in der Höhe

Jugendchor: *Rock my soul*

Lesung: Phil 1,12-18 oder Eph 5,15-20 oder Lk 19,28-40

Lied: Nun ziehen wir die Straße (EG 558)

PRÄSENTATION:
Einleitung
1. Keep the faith (Bon Jovi)
   a) Dialog – b) Überleitung
2. Grande Finale (Udo Lindenberg)
   a) Gedanken – b) Erinnerung an 1. Mose 18-19 – c) Überleitung
3. Sign of the cross (Iron Maiden)
   a) Szene zum Lied, pantomimisch – b) Leute begegnen Jesus
   c) Skeptiker geht zum CD-Player und hört:
4. Ich will nicht ins Paradies (Die Toten Hosen)
   a) Dialog von Fans und Gegnern – b) Kurzpredigt über Joh 5,24
   Jugendchor: *SOS, Gott will retten* – c) Überleitung
5. I believe (Mariah Carey & Whitney Houston)

CREDO

Kollektenansage

Lied: Herr, gib uns Mut zum Hören (EG 605)

Fürbitten

Vaterunser

Jugendchor: *Friede sei mit dir*

Segen

Orgelnachspiel

UNTERBRICH MICH NICHT, HERR – ICH BETE!

DAS ANDERE VATERUNSER

1. Zur Theologie

Um das Gebet ist es zurzeit nicht besonders gut bestellt. Theologisch ist es die Anrufung des lebendigen Gottes im Namen Jesu (Mt 7,6; Joh 16,23f), faktisch wird es eher als Ritus, bestenfalls als geistliche Meditation aufgefasst. Für das Vaterunser gilt dies in verstärktem Maße. Sprechen wir nach dem Gottesdienst die Gemeinde darauf an, dass sie soeben um das Kommen des Reiches Gottes gebetet hat, reagieren viele verwundert auf die Frage, inwiefern sie denn mit diesem Kommen wirklich rechnen und was sie darunter verstehen. Dass das Herrengebet ethische Implikationen in alle Lebensbereiche hat, will dieser Gottesdienst anschaulich machen.

2. Zur Didaktik

Das Vaterunser gehört zum Ordinarium eines jeden Gottesdienstes. Durch seinen häufigen Einsatz ist es wohl den meisten Jugendlichen schon vom Schulgottesdienst her vertraut. Gleichwohl wird es als schematisiert und ritualisiert empfunden und wahrscheinlich in den meisten Fällen zwar mit*gesprochen,* aber nicht mit*gebetet.* Wir lassen daher in diesem Gottesdienst den Angesprochenen selbst antworten.

94

3. Praktische Tipps zur Durchführung

3.1 Wir empfehlen die Einbindung des Gottesdienstes in den Konfirmanden-unterricht in der Phase, in der das Vaterunser behandelt wird.

3.2 Voran gehen – evtl. am Samstag – könnte ein Konfirmandentag, mögli-cherweise mit Eltern.

3.3 Benötigt wird eine gute Mikrophonanlage, damit die »Stimme Gottes« gut hörbar erschallen kann.

3.4 Mit einer besonderen Vorbereitungsgruppe (Lektorenkreis etc.) sollten die Gebete dieses Gottesdienstes erarbeitet werden. Als Arbeitshilfe könnte die-nen: Arbeitsbuch Gebete (s.u.).

4. Requisiten

Tageslichtprojektor, Folien (s. Karikaturen), Fernseher und Sitzecke, Bierdose, Zeigestab, Portemonnaie, angedeutetes Büro.

5. Literatur- und Medienhinweise

Arbeitsbuch Gebete. Ideen, Anleitungen, Beispiele und Überlegungen zur Gestaltung gottesdienstlicher Gebete, hg. v. E. Domay und J. Frank, Gütersloh 1994.

Klaus W. Vopel / Bernhard Wilde, Glaube und Selbsterfahrung im Vaterunser. Ein Kurs für lebendiges Lernen im Kirchlichen Unterricht, Hamburg [3]1985.

Klaus Haacker, Stammt das Vaterunser nicht von Jesus?, ThBeitr 27 (1996), 176ff und *ders.,* Stammt das Vaterunser also doch von Jesus? Eine Antwort an Ulrich Mell, ThBeitr 28 (1997), 291ff.

6. Internetseiten

www.jhwh.com

PRAISE

Orgelvorspiel

Begrüßung

Lied: Das ist mir lieb, dass du mich hörst (EG 292)

oder:
Lied: Betgemeinde, heilge dich (EKG ! 275)

Eingangswort

Psalm 50* (EG 726):
Gott, der Herr, der Mächtige, redet und ruft der Welt zu
vom Aufgang der Sonne bis zu ihrem Niedergang.
Aus Zion kommt der schöne Glanz Gottes.
Unser Gott kommt und schweiget nicht.
Versammelt mir meine Heiligen,
die den Bund mit mir schlossen beim Opfer.
Und die Himmel werden seine Gerechtigkeit verkünden;
denn Gott selbst ist Richter.
Opfere Gott Dank
und erfülle dem Höchsten deine Gelübde
und rufe mich an in der Not,
so will ich dich erretten, und du sollst mich preisen.
Wer Dank opfert, der preiset mich,
und da ist der Weg, dass ich ihm zeige das Heil Gottes.

Gem.: Ehr sei dem Vater (EG 177)

Sündenbekenntnis:
Herr, wir beten immer seltener. Wenn wir überhaupt noch beten.
Wer nur manchmal betet, der wird wohl bald gar nicht mehr beten.
Und wenn wir's doch mal wagen, was erwarten wir von dir?
Es nützt ja doch nichts, hört man.
Meistens von denen, die es gar nicht erst versuchen.
Oder wir wollen alles gleich sofort: Mein Wille geschehe, was denn sonst...?
Herr, wir haben das Beten verlernt.
Nur eins bleibt uns noch: Erbarme dich unser!

Gem.: Herr, erbarme dich.

Gnadenspruch: Matthäus 7,7 oder Psalm 66,20

Gebet:
Danke, Herr, dass du uns hörst, ehe wir reden.
Du kennst uns besser als wir selbst.
Lehre uns beten, Gott, darum bitten wir durch Christus, unseren Herrn, der mit
dir und dem Heiligen Geist lebt und regiert von Ewigkeit zu Ewigkeit.

Gem.: Amen

Jugendchor: Ich schütte mein Herz vor dir aus (M. Siebald, in: Singt das Lied der Lieder III, 41)
oder:
Ich will rufen zu dem Herrn (M. O'Shields, in: Songs junger Christen 3, Nr. 38)
oder:
Solo: Höre, Herr (J. Mills, in: In deiner Nähe, 3)

Lesung: Lk 11,5-13 oder Kol 4,2-6 oder Joh 16,23b-28.33

Gem.: Halleluja

Kanon (hier einstimmig): Alles, was ihr bittet (J. Nitsch, in: Singt das Lied der Lieder III, 51)

MESSAGE

Pfarrer/in: Das mit dem Beten ist so eine Sache, oder? Manchmal sind wir voll Eifer dabei, manchmal geschieht Erstaunliches, manchmal ist es, als riefen wir vor eine Wand, manchmal lassen wir's ganz sein. Mit dem Vaterunser ist es nicht anders. Glauben wir wirklich an das, worum wir da bitten?

Pfarrer/in ab. Ein/e Jugendliche/r (B) tritt hinter den Altartisch und beginnt zu beten.

B: Vater unser im Himmel ...[19]

Eine andere Person (G), die nicht sichtbar ist, spricht die Stimme Gottes über ein Mikrophon und antwortet »vom Himmel«.

G: Ja?

B *(erschrocken):* Unterbrich mich nicht! Ich bete!

---

[19]Der folgende Dialog stammt von Clyde Lee Herring, erschienen im Arbeitsheft zur 42. Bibelwoche 1979/80, Gladbeck 1979, 20. Die Zwischenszenen sind von unserer Jugendgruppe erarbeitet worden.

G: Aber du hast mich doch angesprochen!

B: Ich – dich angesprochen? Äh ... nein, eigentlich nicht. Das beten wir eben so: Vater unser im Himmel ...

G: Da, schon wieder! Du rufst mich an, um ein Gespräch zu beginnen, oder? Also, worum geht's?

Der Pfarrer nimmt ein Handmikrophon, geht durch die Reihen und interviewt einzelne Gemeindeglieder.

Pfarrer/in zu einem Konfirmanden: Wie betest du denn zu Gott? Ist dir auch schon mal so was passiert?

K: Gott? Kenn ich nicht ...

Pfarrer/in zu einer Dame: Und Sie? Was halten Sie vom Beten?

D: Beten? Das machen Sie doch schon für uns. Mein Vater hat immer schon gesagt: Lass das mal den Pastor machen.

Pfarrer/in zu einem/r Mitarbeiter/in: Was erwarten Sie von Gott, wenn Sie zu ihm beten?

M: Ja, also ... weiß nicht ... was soll ich erwarten?

Pfarrer/in: Vielen Dank! *(Wendet sich zur Gemeinde:)* Das war ein kurzes Stimmungsbild zum Thema »Beten – was halten Sie davon?«.

Pfarrer/in ab. Der Beter fährt fort. Gott antwortet wieder.

B: Geheiligt werde dein Name...

G: Meinst du das ernst?

B: Was soll ich ernst meinen?

G: Ob du meinen Namen wirklich heiligen willst? Was bedeutet denn das?

B: Es bedeutet ... es bedeutet ... meine Güte, ich weiß nicht, was es bedeutet. *(Genervt:)* Woher soll ich denn das wissen?

G: Es heißt, dass du mich ehren willst, dass ich dir einzigartig wichtig bin, dass dir mein Name wertvoll ist und dass du jederzeit für mich einstehst.

B: Ah, das versteh' ich.

Fünf Jugendliche kommen nach vorne. Einer legt Folien auf, die anderen geben Kommentare.

J1 legt die Folie auf:[20]

J2: Einzigartig? Wichtig? Einzigartig wichtig ist mir etwas anderes. Himmel? Okay! Aber am liebsten ist mir immer noch der siebente!

J1 legt die Folie auf:

J3: Beten? Das ist doch nur was für Oldies. Ich sage PS statt Halleluja!

J1 legt die Folie auf:

---

[20]Die folgenden Karikaturen stammen aus einem Traktat des Christopheruswerkes e.V., Münster.

J4: Gott? Bringt mir doch nichts ein. Nicht, dass ich dagegen wäre, nein, aber ich habe keine Zeit zu beten, bin ständig online, Geld regiert die Welt, da machste nix dran.

J1 legt die Folie auf:

J5: Gott anklicken? Welche Domain? Ich sage: lieber 30 Programme als 10 Gebote...

Alle ab. Beter fährt fort.

B: Dein Reich komme, dein Wille geschehe, wie im Himmel, so auf Erden ...

G: Tust du das wirklich?

B: Dass dein Wille geschieht? Natürlich! Ich gehe regelmäßig zum Gottesdienst, ich zahle Kirchensteuer und gebe Kollekte.

G: Ich will aber mehr: dass dein Leben in Ordnung kommt; dass deine Angewohnheiten, mit denen du anderen auf die Nerven gehst, verschwinden; dass du von anderen her und für andere denken lernst; dass allen geholfen wird und sie zur Erkenntnis der Wahrheit kommen, auch dein Vermieter und dein Chef. Ich will, dass Kranke geheilt, Hungernde gespeist, Trauernde getröstet und Gefangene befreit werden. Alles, was du diesen Leuten tust, tust du an mir.

B: Warum hältst du das ausgerechnet mir vor? Was meinst du, wie viele stinkreiche Typen in den Kirchen sitzen? Schau die doch an!

G: Entschuldige, ich dachte, du betest wirklich darum, dass mein Herrschaftsbereich kommt und mein Wille geschieht. Das fängt nämlich ganz persönlich bei dem an, der darum bittet.

B: Ok. ok., aber wo ist das schon so? Sieh dich doch mal um:

Ein »Ehepaar« tritt auf. ER kommt ins Wohnzimmer (Fernseher und Sitzecke aufbauen) und wirft seine Jacke in die Ecke.

SIE: Na, mal wieder Ärger gehabt?

ER: Ja, und wie! Es ist doch immer dasselbe *(schaut auf die Uhr)*. Schon so spät!? Mach mal die Kiste an!

Sie macht ihm den Fernseher an. Er stiert hinein...

ER: Hol mir mal 'n Bier!

SIE: Aber...

ER: Nun mach schon, ich will nicht ewig warten!

Sie holt ein Bier. Er trinkt einen Schluck.

ER: Bah, ekelhaft, das ist ja voll warm ... konntest du das nicht richtig kühlen?

SIE: Na hör mal, ich habe ja schließlich auch noch was anderes zu tun, als den ganzen Tag auf dein sch... Bier zu achten.

ER: Ach so ist das? Du hast noch was anderes vor. Darf man auch erfahren, was? Du arbeitest schließlich nur vormittags und nicht wie ich den ganzen Tag. Der Kühlschrank ist dein Job.

SIE: Immer soll ich alles machen und du nie. Bin ich deine Sklavin oder was?

ER: Ist das mein Problem, dass du unbedingt arbeiten gehen musst ... jetzt reg dich bloß nicht auf ... so groß ist der Haushalt auch wieder nicht.

SIE: Hast du 'ne Ahnung ... du machst ja nie was.

ER: Ach komm, sei ruhig ... und zieh dich an, wir müssen jetzt in die Kirche, Abendgottesdienst ...

B fährt fort.

B: Unser tägliches Brot gib uns heute ...

G: Du hast Übergewicht, Mann! Deine Bitte beinhaltet die Verpflichtung, etwas dafür zu tun, dass die Millionen Hungernden dieser Welt satt werden.

Ein Experte im weißen Kittel und mit Zeigestab tritt auf. An einer Stellwand hängt eine statistische Graphik mit dem Titel »HUNGER IN DER DRITTEN WELT«.

E: Hunger wird produziert – er resultiert aus ungleicher Verteilung – 500 Millionen Menschen sind unterernährt (aktuelle Zahlen besorgen) – das als Viehfutter verwendete Getreide würde ausreichen, um alle hungernden Menschen zu ernähren – das Mastfutter für Kälber wäre zu 95 % energetisch für den Menschen nutzbar – Fleischimporte aus Entwicklungsländern werden als Konservennahrung für Hunde und Katzen verschwendet – der Grund für Nahrungsverschwendung liegt in der hohen Kaufkraft der reichen Länder …

E ab. B fährt fort.

B: Und vergib uns unsere Schuld, wie auch wir vergeben unseren Schuldigern…

G: Und dein Arbeitskollege?

B: Jetzt fang nicht auch noch mit dem an. *(Sehr ernst:)* Du weißt doch, dass er mich öffentlich blamiert: dass er mir jedes Mal dermaßen arrogant gegenübertritt, dass ich schon wütend bin, bevor er seine herablassenden Bemerkungen äußert. Er nimmt mich nicht ernst … der Typ hat …

G: Ich weiß, ich weiß! Und dein Gebet?

B: Ich meine es nicht so.

G: Du bist wenigstens ehrlich. Macht dir das eigentlich Spaß, mit so viel Bitterkeit und Abneigung im Bauch herumzulaufen?

B: Es macht mich ganz krank.

G: Ich will dich heilen. Vergib ihm doch, und ich vergebe dir. Vielleicht vergebe ich dir auch schon vorher. Dann sind Arroganz und Hass seine Sünde und nicht deine. Vielleicht verlierst du Geld, ganz sicher ein Stück Image, aber du gewinnst Frieden …

B *(zweifelnd):* Hm, ich weiß nicht, ob ich mich dazu überwinden kann.

G: Ich helfe dir dabei.

Zwei Arbeitskollegen in einem Büro treten auf.

K1: Guten Morgen, Sie wollten mich sprechen?

K2: Ja, Frau M. Ich hatte eigentlich immer sehr viel Vertrauen in Sie gesetzt, aber dies haben Sie leider nicht erwidert. Durch den Diskettenverlust haben Sie mich sehr enttäuscht. Es hätte mir schon damals auffallen müssen, als Sie den Vertrag von Müller zu spät abschickten.

K1: Jetzt rollen Sie doch den Schnee von gestern nicht wieder auf. Haben Sie denn nie Fehler gemacht?

K2: Wenn Sie mir so kommen, sind wir geschiedene Leute...

Eine Sekretärin mischt sich ein.

S: Aber Chef, denken Sie doch an das Vaterunser: »Wie auch wir vergeben«... Sie sind doch auch getauft, oder?

K2: Wer hat Sie denn gefragt? Was soll denn jetzt dieser Kirchenquatsch? Bis Sonntag ist es noch lange ...

Alle ab. B fährt fort.

B: Und führe uns nicht in Versuchung, sondern erlöse uns von dem Bösen.

G: Nichts lieber als das. Melde bitte Personen oder Situationen, durch die du versucht wirst.

B: Wie meinst du das?

G: Du kennst doch deine schwachen Punkte: Unverbindlichkeit, Finanzverhalten, Sexualität, Aggression, Erziehung... Gib der Versuchung keine Chance!

Zwei pantomimische Szenen:
1. Ein Portemonnaie liegt auf der Straße. Einer hebt es auf und findet eine Visitenkarte mit Namen. Zweimal setzt er an, es zurückzubringen, dann steckt er es ein und verschwindet.
2. Ein Jugendlicher trifft auf dem Schulhof einen Dealer, der ihm Stoff anbietet. Zweimal lehnt er ab, dann kauft er und verschwindet.

Alle ab. B fährt fort.

B: Ich glaube, das ist das schwierigste Vaterunser, das ich je gebetet habe. Aber es hat zum ersten Mal etwas mit meinem alltäglichen Leben zu tun.

G: Schön! Wir kommen vorwärts. Bete ruhig zu Ende.

B: Denn dein ist das Reich und die Kraft und die Herrlichkeit in Ewigkeit. Amen.

G: Weißt du, was ich herrlich finde? Wenn Menschen wie du anfangen, mich ernst zu nehmen, echt zu beten und das zu tun, was mein Wille ist ... und selbst dabei glücklicher werden.

Kurze Pause, in der ersten Reihe guckt jemand schläfrig und beginnt zu schnarchen.

G *(energisch):* Oder wie siehst du das, Kirchenschläfer in der ersten Reihe??? *(Dieser schreckt auf.)*

Solo: Du hast ein Recht darauf, mit Gott zu reden (M. Siebald, in: Sagt es weiter, Nr. 10)
oder:
Lied: Vater, deine Liebe (H. Schuhmacher, in: Du bist Herr Bd. I, 212)
oder:
Lied: Lieber Vater, halt mich fest (W. Wallrich / J. Fliege / P. Janssens, in: ML 2, B 183)

CREDO

BLESSING

Kollektenansage

Kanon (hier mehrstimmig): Alles, was ihr bittet (J. Nitsch, in: Singt das Lied der Lieder III, 51).

Fürbittengebet
Hier das vorbereitete Gebet einfügen
oder:
Aktion »Fürbitte« (wer mag, schreibt seinen Gebetssatz auf eine Karte, anschließend werden alle verlesen)

oder:
Gebet aus: Neue Eingangs- und Fürbittengebete für die Sonn- und Feiertage des Kirchenjahres, Gütersloh 1994, 79.

Vaterunser (evtl. singen: EG 186-188, oder aus: Du bist Herr Bd. I, 215, oder aus: ML 1, B 49–50, oder aus: Unterwegs. Lieder und Gebete, 193-194)

Segen

Orgelnachspiel

Orgelvorspiel

Begrüßung

Lied: Das ist mir lieb (EG 292)

Eingangswort

Psalm 50* (EG 726)
  Ehr sei dem Vater
Sündenbekenntnis
  Herr, erbarme dich
Gnadenspruch Mt 7,7 oder Psalm 66,20

Gebet
  Amen

Jugendchor: *Ich schütte mein Herz vor dir aus*

Lesung: Lk 11,5-13 oder Kol 4,2-6 oder Joh 16,23b-28.33
  Halleluja

Lied: *Alles, was ihr bittet*

PRÄSENTATION:
Einleitung
Der Beter trägt sein »Vaterunser« vor
Zwischenszenen
Solo: *Du hast ein Recht darauf, mit Gott zu reden*

CREDO

Kollektenansage

Kanon: *Alles, was ihr bittet*

Fürbitten

Vaterunser (evtl. gesungen)

Segen

Orgelnachspiel

SEKTEN – DER GRIFF NACH DER SEELE

WAS CHRISTEN DARÜBER WISSEN SOLLTEN

1. Zur Theologie

Sekten sind immer wieder ein Thema, sowohl in der Schule als auch in der kirchlichen Jugendarbeit. Meist sind die vorauszusetzenden Kenntnisse recht diffus. Man hat etwas gehört, aber nichts Genaues weiß man nicht. – Wir wählen drei bekannte Sekten aus und versuchen, einige Spezifika der jeweiligen Lehre sowie einige psychologische Aspekte zu erschließen.

Jehovas Zeugen sind vom Erscheinungsbild her allen bekannt. Aber warum heißt Gott »Jehova«? Was verbirgt sich hinter ihrer Lehre der 144 000? Wieso hat Christus angeblich im Jahre 1914 seine himmlische Herrschaft angetreten? Wieso lehnen sie Weihnachten ab? Was ist Harmagedon? Hängt die Hochschätzung der Offenbarung des Johannes möglicherweise mit dem in der evangelischen Theologie immer noch umstrittenen Apokalyptik-Problem[21] zusammen? Was wir vernachlässigen, das greifen andere eben auf. Auch das Problem

---

[21]Vgl. hierzu Kurt Erlemann, Endzeiterwartungen im frühen Christentum, UTB 1937, 1996.

fundamentalistischer Auslegung metaphorischer Texte könnte ein Thema der Aufarbeitung sein. Das alles gehört in die Vorbereitung. Im Gottesdienst stellen wir allein die Erwartung des nahen Weltuntergangs heraus.

Bhagwan ist zwar nicht mehr aktuell, dennoch lassen sich an dieser Sekte eine ganze Reihe faszinierender Aspekte verdeutlichen: ungesättigtes Gemeinschaftsgefühl, emotionale religiöse Bedürfnisse, Faszination des Fernöstlichen etc. Im Gottesdienst stellen wir Bhagwans Gedanken heraus, Probleme gäbe es nur dort, wo man sie lösen will.

Scientology hat in den letzten Jahren zunehmend Beachtung in den Medien gefunden. Gleichwohl scheint es eine rückläufige Entwicklung zu geben, wie die Schließung einiger Einrichtungen zeigt. Dass Scientology keine »Kirche« im herkömmlichen Sinne, sondern eher eine Art Psychokult ist, ist Jugendlichen vermutlich neu. Die im so genannten »Auditing« zur Geltung kommenden, scheinbar psychoanalytisch anmutenden Techniken lassen nach der Beziehung von Religion und Psychologie generell fragen. Im Gottesdienst akzentuieren wir das Angebot der vermeintlichen Kapazitätserweiterung des Gehirns und der Heilung unverarbeiteter Verletzungen.

Sekten sind ja irgendwie der Versuch, die »Wahrheit« in einem unverwechselbaren und eindeutigen Sinne zu präsentieren, ganz im Gegensatz zur erkenntnistheoretischen Hauptregel des Neuen Testaments: »*Unser Wissen ist Stückwerk ... Wir sehen jetzt durch einen Spiegel ein dunkles Bild...*« *(1. Kor 13,9.12*). Auch Paulus' Mahnung: »Lasst euch nicht wieder das Joch der Knechtschaft auflegen ...*« (Gal 5,1) wäre in diesem Zusammenhang zu bedenken.

2. Zur Didaktik

Didaktische Anknüpfungen sind leicht möglich über das Straßenbild der Wachtturm-verkaufenden Zeugen Jehovas. Sie kennt jeder. Manch ein Jugendlicher mag auch das eine oder andere Gespräch an der Haustür verfolgt haben, inklusive der einigermaßen unbeholfenen Versuche der Eltern, biblisch zu argumentieren. Wenn wir im Konfirmandenunterricht im Rahmen des 3. Gebotes über den Gottesnamen sprechen, erwähnen Jugendliche immer wieder, wie ihre Eltern das Gespräch mit »Zeugen Jehovas« etwa in der folgenden Art abbrechen: »Wir sind evangelisch, basta!«

Was die Scientologen betrifft, lassen sich gut Persönlichkeiten aus dem Showgeschäft anführen, etwa John Travolta. Wieso können sie in den USA etwas propagieren, das bei uns vom Verfassungsschutz beobachtet wird? Was verbirgt sich dahinter?

Und schließlich: Wie kommt es, dass manche Menschen anfällig für Sekten sind, andere dagegen ganz und gar nicht? Hängt das möglicherweise mit der psychologischen Persönlichkeitsstruktur zusammen? Hier hat sich das Persönlichkeitsmodell von *Fritz Riemann* als besonders hilfreich erwiesen, wie die Studie von *Helmut Hark* zeigt. Auch das lässt sich nicht alles in einem Gottesdienst darstellen. Hier wählen wir eine vereinfachte Darstellung des Persönlichkeitsmodells von *Sigmund Freud*.[22] Das ICH entwickelt sich aus der dialektischen Spannung von ES und ÜBER-ICH. Je schwächer die Ich-Entwicklung ausfällt, desto höher ist die Anfälligkeit eines Menschen für Sektiererisches. Die Heilung des Menschen mit der verdorrten Hand am Sabbat durch Jesus (Mk 3,1-6) dient als Illustration für die Freiheit Jesu von Fremdbestimmung und als Beispiel gelungener Individuation und Überwindung der in Röm 7 beschriebenen Zerrissenheit des Menschen.[23]

3. Praktische Tipps zur Durchführung

3.1 Aus der genannten Literatur lassen sich leicht Materialien für die Vorbereitung gewinnen.

3.2 Weitere Materialien wie Filme, Broschüren, Diaserien etc. sind über die Ev. Zentralstellen für Weltanschauungsfragen sowie über die Sektenbeauftragten der Landeskirchen bequem zugänglich. Besonders hinzuweisen ist auf die Münchner Reihe des Ev. Presseverbandes in Bayern.

3.3 Die Sektenbeauftragten der Ev. Kirchenkreise bieten ihre beratenden Dienste gerne an.

3.4 Lieder zum Thema »Sekten« gibt es naturgemäß nicht. George Harrisons »My Sweet Lord« hat einen Anklang daran, wenn als Background im Wechsel »Hare Krishna« und »Halleluja« gesungen wird. Ansonsten wählen wir Lieder, die »Sehnsucht«, »Suche«, »Freiheit« u. Ä. thematisieren.

3.5 Material: Die Kopiervorlage am Ende eignet sich dazu, das Persönlichkeitsmodell Sigmund Freuds in der Vorbereitungsgruppe zu erarbeiten.

4. Requisiten

Zwei Stellwände, ein siebenarmiger Leuchter, ein »Wachtturm«, indisch anmutende Kleidung, ein T-Shirt mit der Aufschrift »ICH«, ein Schild mit der Aufschrift »ES«, ein Schild mit der Aufschrift »ÜBER-ICH«.

---

[22]Eine gute Einführung bietet Heinz Müller-Pozzi, Psychoanalytisches Denken. Eine Einführung, Bern 1991, 67ff. Eine vereinfachte, auf das didaktische Ziel des Gottesdienstes hin bearbeitete Kopiervorlage zum Freudschen Modell findet sich am Ende unseres Gottesdienstentwurfes.
[23]Zur psychologischen Deutung von Röm 7 vgl. G. Theißen, Psychologische Aspekte paulinischer Theologie, FRLANT 131, Göttingen 1983, 181ff.

5. Literaturhinweise

Hans-Jürgen Fraas, Die Religiosität des Menschen. Ein Grundriss der Religionspsychologie, Göttingen 1990.
Bernhard Grom, Religionspsychologie, Göttingen 1992.
Handbuch Religiöse Gemeinschaften, Gütersloh [5]2000.
Jörg Herrman, Scientology. Mission mit allen Mitteln. Der Scientology-Konzern auf Seelenfang, Reinbek 1992.
Helmut Hark, Religiöse Neurosen. Ursachen und Heilung, Zürich [3]1990.
Walter Rebell, Psychologisches Grundwissen für Theologen. Ein Handbuch, München 1988.
Fritz Riemann, Grundformen der Angst. Eine tiefenpsychologische Studie, München 1991.
Norbert Scholl, Kleine Psychoanalyse christlicher Glaubenspraxis, München 1980.
Hugo Stamm, Sekten. Im Bann von Sucht und Macht. Ausstiegshilfen für Betroffene und Angehörige, Zürich 1995.

PRAISE

Orgelvorspiel

Begrüßung
Lied: Kommt herbei 1-3 (in: Mein Liederbuch 2, B 156; EG 577)

Eingangswort

Übertragung zu Psalm 11 (EG 775):
Gott ist der Gedanke,
der mir eine neue Hoffnung gibt.
Gott ist der Ort,
wo ich in meiner Angst geborgen bin.
Gott ist die Kraft,
die mich in meiner Furcht nicht fallen lässt.
Gott ist der Allmächtige,
mit einem Blick durchschaut er uns Menschen.
Gott ist der Gerechte,
mit einem Fingerzeig trennt er die Guten von den Bösen.
Gott ist der Herr,
seine Gerechtigkeit breitet sich aus über die ganze Erde.

Gem.: Ehr sei dem Vater (EG 177)

Zwei Jugendliche beten im Wechsel:

Gott,
Ich suchte Geborgenheit –
Man gab mir einen Gameboy.
Ich suchte meine Eltern –
Man setzte mich vor die Glotze.
Ich suchte Verständnis –
Man forderte pausenlos Leistung.
Ich suchte Nähe –
Ich fand Sex.
Ich stellte Fragen –
Man gab keine Antworten.
Ich fing an zu zweifeln –
Man lächelte überlegen.
Ich suchte ...
Aber man ließ mich allein.
Gott,
Ich fand einen Weg – vielleicht meinen Weg ...
Jetzt sagen sie ständig: was soll der Unsinn?

(nach: Zeit zum Leben. Neue Texte für junge Menschen, hg. v. D. Rost und J. Machalke, Gütersloh 1995, 20)

Gem.: Amen

Jugendchor: Ich werfe meine Fragen (in: Lieder zum Kirchentag 1979, 37, Nr. 41)
oder:
Viele Wege gibt es (in: Singt von Jesus, Nr. 194)

Lesung: Joh 5,31-43 [Stichworte: »zeugen« und »... wenn ein anderer kommt«]
oder:
Apg 20,24-32 [Stichwort: »reißende Wölfe«]

Gem.: Halleluja

Lied: Wohin denn sollen wir gehen? (in: Singt und dankt, Beiheft '84, Nr. 716)

MESSAGE

Szene 1: Die Grundstruktur unserer Seele

Ein/e Jugendliche/r steht zwischen zwei Stellwänden und trägt ein T-Shirt mit der Aufschrift ICH. Auf der linken Stellwand steht groß ES, auf der rechten Stellwand steht groß ÜBER-ICH. Je nachdem, ob ein Junge oder ein Mädchen die Rolle übernimmt, muss der Text angepasst werden.

Pfarrer/in: Ihr kennt doch sicher alle diese Situation, in der man sich innerlich zerrissen fühlt. Der große Psychoanalytiker Sigmund Freud hat die Persönlichkeit der Menschen anschaulich beschrieben. Was der Mensch von Geburt an mitbringt, ist das so genannte »ES«. Es beinhaltet alle natürlichen Bedürfnisse, Gefühle, Triebe etc. Man könnte sagen, das ES ruft ständig: »Ich will«.

Zeigt auf die Stellwand »ES«.

Im Zuge seiner weiteren Entwicklung wird das ES mit den elterlichen Anforderungen konfrontiert, dem »ÜBER-ICH«. Dieses ÜBER-ICH wird gespeist mit dem, was ein Mensch »soll«. Das ist aber nicht unbedingt das, was das ES will.

Zeigt auf die Stellwand »ÜBER-ICH«.

Der Weg zur Mündigkeit besteht nun darin, dass der Mensch eine zwischen ES und ÜBER-ICH vermittelnde Instanz entwickelt. Freud nennt sie das »ICH«. Also, wenn das ES was will, aber das ÜBER-ICH sagt: »Du sollst nicht«, was macht dann der arme Mensch? Er muss sich entscheiden, und genau dies ist die Aufgabe des ICH.

Am besten, wir schau'n uns das mal an. Also: wir befinden uns in einem Warenhaus an der Kö [= Königsallee, Prachtstraße in Düsseldorf]:

Zwei Spieler treten hinter die Stellwände. Sie schauen mit dem Kopf jeweils hinter den Wänden hervor, wenn sie eindringlich zum ICH sprechen.

Die Spielerin in der Mitte (ICH) betrachtet ein wunderschönes Kleid.

ICH: Whaow, ist das ein schönes Kleid!

ES: Das musst du haben. Darum wird dich jeder beneiden!

ÜBER-ICH: Denk dran, du hast nicht genug Geld. Das Kleid ist viel zu teuer. Du kannst es nicht bezahlen!

ES: Ach komm, es wird sich schon eine Lösung finden lassen. Probier's doch erst mal an, nur so, kostet ja nichts...

ICH zieht das Kleid an.

ES: Na siehst du, steht dir doch super!

ÜBER-ICH: Aber du hast nicht genug Geld.

ES: Dann nimm's doch einfach mit! Nur Mut, so ein Kleid findest du nie wieder!

ÜBER-ICH: Bist du verrückt? Das kannste nicht bringen. Dein guter Ruf. Außerdem heißt es: »Du sollst nicht stehlen«. Und was werden deine Eltern sagen ... !?

ES: Die brauchen's ja nicht zu erfahren. Nimm's und hau ab!

ÜBER-ICH: Was denkst du dir eigentlich dabei? Was du stiehlst, müssen andere bezahlen.

ES: Ach was. Das Kaufhaus hat doch genug Geld, oder etwa nicht? Die rechnen doch Ladendiebstahl von vornherein mit ein in ihre Kalkulation. Also, tu's!

ES und ÜBER-ICH werden immer engagierter.

ÜBER-ICH: Tu's nicht!

ES: Tu's!

ÜBER-ICH: Tu's nicht!

ICH: Was soll ich denn jetzt machen ...?

Das ICH sackt zusammen.

Pfarrer/in: Kennt ihr das – so eine Verwirrung der Gefühle? Paulus drückte das im Römerbrief, Kapitel 7, so aus: »Wollen habe ich wohl, aber das Gute vollbringen kann ich nicht. Denn das Gute, das ich will, das tue ich nicht; sondern das Böse, das ich nicht will, das tue ich.« Nicht nur als Jugendlicher wird man manchmal ganz schön hin- und hergerissen. Ein zweites Beispiel:

Jugendliche/r: Irgendwann einmal stellt sich für uns alle die Frage, wie weit ich mit meinem Freund / meiner Freundin gehen soll. Sollen wir miteinander schlafen, oder sollen wir uns lieber noch Zeit lassen?

Das ICH blickt seufzend auf ein Foto.

ICH: Mh, jetzt sind wir bereits seit einem halben Jahr zusammen, und eigentlich habe ich ja gar nichts dagegen, mit ihm zu schlafen ... Ich meine, wir lieben uns doch auch wirklich sehr.

ÜBER-ICH: Du bist zu jung. Und außerdem, wenn er dich wirklich liebt, wird er um dieser Liebe willen auch auf dich warten.

ES: Gib's doch zu. Eigentlich willst du es doch auch. Alt genug bist du allemal, immerhin schon sechzehn. Und, was würde sich ändern, wenn du wartest?

ÜBER-ICH: Aber denk doch mal, was alles passieren kann: ungewollte Schwangerschaft, Aids usw. Vielleicht lässt er dich ja auch sitzen, und wer will dann später schon einen Gebrauchtwagen?

ES: Mensch, es gibt doch heute prima Verhütungsmittel, und gegen Aids kann man sich schließlich schützen. Ich tu's.

ÜBER-ICH: Es gibt aber Christen, die betrachten Sexualität vor der Ehe als Sünde – da muss doch was dran sein.

ES: Ach Quatsch! Wie »kann denn Liebe Sünde sein«?

Innerlich zerrissen geht das ICH ab.

Jugendchor: Tausend Stimmen, tausend Wege (T: Frank Fockele 1994, M: Allert van der Heijden, Niederlande 1994 © Autoren; in: 33 Lieder für Kirchentage, 1995, Nr. 141)

Szene 2: Die Anfälligkeit für Sekten

Pfarrer/in: Je nachdem, wie die drei inneren Stimmen zueinander stehen, sich beherrschen usw. sieht es mit der Anfälligkeit für Sekten anders aus. Schauen wir uns das mal an:

Das ICH – immer noch ratlos – steht zwischen den Wänden und denkt nach. A kommt vorbei, erfasst intuitiv die emotionale Verunsicherung und spricht das ICH an. A will in eine Sekte einladen.

A: Hey, was ist denn mit dir los? Dir geht's wohl nicht gut. Weißt du nicht mehr, wo dir der Kopf steht?

ICH: Da soll einer durchblicken. Was man will, das darf man nicht. Was man soll, das will man nicht. Was man nicht will, das muss man. Ständig bin ich fremdbestimmt. Nur mich, mich fragt keiner. *(Verzweifelt:)* Ich will endlich ich sein!

A: Du, ich kenn' da ein paar Supertypen, echt nette Leute. Die hatten so ähnliche Probleme wie du. Wir treffen uns heute Abend. Haste nicht Lust vorbeizukommen? Ich hol' dich ab!

ICH: Ja ... okay ... warum nicht ...!?

Die beiden treten ab.

Pfarrer/in: Was unser liebes Ich nicht weiß, ist, dass es sich bei den »netten Leuten« um JEHOVAS ZEUGEN handelt.

Jugendlicher mit Anzug und Krawatte tritt nach vorn an ein Sprechpult und beginnt zu predigen. Die beiden hören zu.

Prediger: Die Welt vergeht, liebe Freunde. Bald schon wird die Schlacht bei Harmagedon beginnen. Im Kosovo klopft's ja bereits! Aber Jehova wird sein Königreich aufrichten. Dort dabei zu sein, darauf kommt es an! 144 000 Karten für den Himmel sind zu vergeben. So lasst doch diese Welt ... die geht sowieso bald unter ... lest dieses Heft *(hält einen »Wachtturm« hoch)* und sammelt Menschen für Jehovas Königreich! Die Zeit drängt. Tut, was Jehova will!

A: Siehst du: Jehova weiß, was Teenies wünschen.

ICH: Na prima, dann sagen mir ab jetzt andere, was ich tun und lassen soll ... ich weiß nicht ...

A: Du machst dir viel zu viel Probleme. Überhaupt, denk nicht so viel, dann geht's dir besser. Ich kenn' da übrigens noch ein paar andere Typen, echt ausgeflippte ... Was hältst du von Sommerferien in Indien ... gutes Feeling ... Null problemo? Komm mit, neuer Versuch.

Die beiden gehen ab.

Pfarrer/in: Indische Einflüsse sind in der religiösen Szene besonders gefragt. Bis vor einiger Zeit machte ein kurios-origineller Guru von sich reden, BHAGWAN:

Ein etwas indisch aufgemachter Jugendlicher tritt nach vorne:
Bhagwan-Jünger: Guru *Bhagwan* spricht: »Nur der hat Probleme, der Probleme lösen will. Das Ich ist Lust. Leben ist Entspannung. Das Göttliche ist in dir.« In seinem Ashram in Poona laufen religiöse Happenings. Tausende junger Menschen sind dorthin gefahren. Es geht um Befreiung, Befreiung von Moral, von

allem Zwang, von allem Druck. Gib Bhagwan dein Leben und du wirst glücklich ... tue, was du willst, und sei, was du fühlst ...!

A: Siehst du, Bhagwan kümmert sich um deine Probleme.

ICH: Na, klingt ja gut: »Probleme bekommt man durchs Problemlösen«, interessant, aber, nee, ich weiß nicht ...!

A: Ok., vielleicht brauchst du auch eher was fürs Köpfchen ... der Intellekt muss ja schließlich auch gefördert werden ... am besten von richtig schlauen Leuten ...!

Die beiden gehen weiter.

Pfarrer/in: Es gäbe da noch das Angebot der SCIENTOLOGEN. Gewiss, zurzeit etwas umstritten, aber was soll's:

Ein/e korrekt gekleidete/r Jugendliche/r tritt auf:

Scientologe: Du bist mehr, als du bist. Wusstest du, dass 80% deines Gehirns noch gar nicht ausgeschöpft sind? Du brauchst eine bewusstseinserweiternde Therapie. Alle negativen Einträge deiner Gehirndatenbank müssen gelöscht werden. Schmerzvolle Erinnerungen, wir können Sie heilen. Wochenendkurs schon ab 800,- DM!!! *Scientology,* die Chance für verbildete Psychofreaks!

A: Siehst du – Scientology weiß, was Sache ist.

ICH: Hört sich gut an ... mehr Wissen ... mehr Kapazität ... keine negativen Erinnerungen mehr ... Aber eins versteh' ich nicht: Wieso wollen mir ständig andere Leute sagen, was ich zu tun und zu lassen habe?

Beide ab.

Jugendchor: My Sweet Lord (in: 101 Favorite Gospel Songs, Schenefeld 1993, 16)

Szene 3: Was tun?

Das ICH ist betrübt. Es trifft einen Freund (F):

F: Wie siehst du denn aus?

ICH: Ich weiß überhaupt nichts mehr. Die können einen aber auch voll kirre machen mit ihren Versprechungen. Welches dieser Angebote soll ich denn jetzt annehmen? Jehova und den nahen Weltuntergang? Bhagwan und die Freiheit der Gefühle? Oder Scientology und das vergrößerte Gehirn? Am besten, ich geh' nirgendwo hin.

F: Hör doch auf dein Gewissen. Was sagt denn deine innere Stimme?

ICH: Innere Stimme? Welche denn? Ich höre viele innere Stimmen. Die eine verbietet, was die andere will ...!? Ich fühle mich ständig hin- und hergerissen, zwischen dem, was ich will, und dem, was ich soll, und dem, was andere für mich wollen.

F: Sag, glaubst du an Gott? Er ist der Einzige, der weiß, was gut für uns ist. Du müsstest glauben lernen – lernen, Ihm zu vertrauen. Er gibt dir Hoffnung, Er gibt dir Zukunft, Er gibt dir auch Richtlinien, Weisung, wie die Bibel sagt. Er hilft dir, Entscheidungen eigenverantwortlich und frei von der Meinung anderer zu fällen.

ICH: Wieso *frei?* Muss ich da nicht wieder so, wie ein anderer will?

F: Nein, sondern so, wie es gut und sinnvoll ist. Jesus hat das demonstriert, als er einmal in der Zwickmühle steckte zwischen dem, was er wollte, und dem, was das Gebot vorschrieb. In Markus 3 steht das. Aber sieh selbst:

Szene 4: Wie Jesus das Problem löst

Pfarrer/in: Eines Tages predigte Jesus in einer Synagoge. Da brachten sie einen Kranken zu ihm, mit einer verkrüppelten Hand.

Ein als Jesus erkennbarer Spieler tritt zwischen die zwei Stellwände. Ein siebenarmiger Leuchter signalisiert, dass er sich in einer Synagoge befindet. Man bringt einen mit einer verkrüppelten Hand zu ihm. Die ES- und ÜBER-ICH-Sprecher treten hinter die Wände.

Irgendeiner: Da ist ein Kranker, und heute ist Sabbat. Kannst du ihn heilen?

ES: Dem Menschen muss geholfen werden. Bete, dann wird Gott ihn heilen!

ÜBER-ICH: Nein, das darfst du nicht! Heilen ist Arbeit, und Arbeiten ist heute, am Sabbat, verboten. So steht es geschrieben!

ES und ÜBER-ICH immer beschwörender:

ES: Heile ihn! Tu's!

ÜBER-ICH: Tu's nicht!

ES: Tu's!

ÜBER-ICH: Tu's nicht!

ES: Tu's!

ÜBER-ICH: Tu's nicht!

Jesus schweigt – kurze Phase der Stille, dann:

JESUS: Strecke deine Hand aus!

Der Kranke streckt die Hand aus und wird gesund. Der Freund spricht zum ICH:

F: Siehst du, Jesus tat weder, was er *wollte,* noch was er *sollte.* Er tat, was jetzt gut und richtig war. Und das ist die eigentliche Freiheit! Das Ich muss abwägen und dann entscheiden.

ICH und der Freund treten ab. Dabei ruft das ICH:

Voll super, der Jesus – ich glaub', ich hab's verstanden!

Jugendchor: Vertrauen wagen (in: Umkehr zum Leben, Nr. 604)

CREDO

BLESSING

Kollektenansage

Während des Einsammelns: Kommt herbei 4-5 (in: Mein Liederbuch 2, B 156; EG 577)

Fürbittengebet (zwei Jugendliche im Wechsel):

Gott,
wir möchten gerne frei sein von unserer Angst,
gegen den Strom zu schwimmen,
damit wir tun können, was recht ist.

Wir möchten gerne frei sein von dem Zwang,
immer nur an uns selbst zu denken,
damit wir auch den anderen sehen.

Wir möchten gerne frei sein von unserer Art,
den bequemsten Weg zu gehen,
damit wir uns mit gutem Gewissen freuen können über das Erreichte.

Wir möchten gerne frei sein von der Lieblosigkeit anderen gegenüber,
die uns nicht liegen,
damit es uns nachher nicht Leid tut.

Wir möchten gerne frei sein von der Bevormundung falscher Herren,
selbst wenn sie in uns selber stecken,
damit wir eigenständig und unabhängig Entscheidungen fällen können, die
allein dir, Gott, verantwortlich sind.

Gott,
wir möchten gerne frei sein von aller Unfreiheit.
Schenke uns und allen jungen Menschen das richtige Gespür für den Weg, der
zum Leben führt, darum bitten wir in Jesu Namen. Amen.
(nach: Klaus Burba [Hg.], Ich möchte beten – aber wie? Nr. 70)

Evtl. aktuelle Fürbitten ergänzen

Vaterunser

Jugendchor: Deine Zukunft kennst du nicht (Chorsatz in: Singt das Lied der Lieder II, 50)
oder:
Lied: Im Lande der Knechtschaft (EG 680)
oder:
Lied: Herr, gib, dass ich auch diesen Tag (EG 682)

Segen

Orgelnachspiel

KOPIERVORLAGE

Das Persönlichkeitsmodell nach Sigmund Freud[24]
(vereinfachte Skizze)

ÜBER-ICH

Psychologisch
Im Über-Ich sind alle anerzogenen Normen und Werte, Maßstäbe, Moral, Sitte, »Stimme der Eltern«, das »Man« sowie kollektive soziale Übereinstimmungen angesiedelt.

Religion
Das Über-Ich versteht unter Religion in erster Linie einen Gott der Gebote und der Moral.

Sekte
Sekten bedienen sich des Über-Ichs, wenn sie doktrinär starre Verhaltensvorschriften durchsetzen und kompromisslos vorschreiben, was gut und was schlecht ist.

Stichworte
Du musst, man tut, du darfst nicht, du darfst.

ES

Psychologisch
Im Es sind alle angeborenen vitalen Triebe, Bedürfnisse, Gefühle sowie irrationale Bereiche wie Wünsche, »Herzensangelegenheiten« u.Ä. angesiedelt.

Religion
Das Es versteht unter Religion in erster Linie religiöse Emotionalität, »Feeling«, »Happening«, mystisches und irrationales Erleben.

---

[24]Zum Verhältnis dieses Modells zu Röm 7 vgl. G. Theißen, Psychologische Aspekte paulinischer Theologie, 181-268.

Sekte

Sekten setzen Es-Religiosität suggestiv ein. Jesus und religiöses Feeling werden zur Droge. Das Bad in der Menge, im Großveranstaltungsrausch wird häufig eingesetzt.

Stichworte

Ich will ... ich brauche ... ich fühle ...

ICH

Psychologisch

Das Ich ist die im Zuge des Erwachsenwerdens immer stärker hervortretende, vermittelnde Instanz zwischen Ansprüchen des Es und des Über-Ich. Es beinhaltet den freien Willen, die Vernunft, die Überlegung, die steuernde Persönlichkeit, die Rationalität.

Religion

Jesus befreit zur Mündigkeit des Ich gegenüber den beiden anderen Instanzen (wie unser Gottesdienst demonstriert). Es wägt irrationale religiöse Bedürfnisse und moralische Ansprüche gegeneinander ab und entscheidet »je und je« neu (vgl. Bonhoeffers »mündiges Christentum«).

Sekte

Sekten wollen das Ich auslöschen, entweder durch Bemächtigung des Über-Ichs oder durch Aufputschung des Es, um selber an dessen Stelle zu treten und den Menschen zu beherrschen.

Stichworte

Abwägen, Überlegen: Was ist jetzt die richtige Entscheidung?
Je nach Situation folgt das Ich dem Es oder dem Über-Ich oder entwickelt eine eigene Position.

Orgelvorspiel

Begrüßung

Lied: Kommt herbei 1-3 (EG 577)

Eingangswort

Psalm 11 (EG 775)
  Ehr sei dem Vater
Gebet
  Amen

Jugendchor: *Ich werfe meine Fragen*

Lesung: Joh 5,31-43 oder Apg 20,24-32
  Halleluja

Lied: *Wohin denn sollen wir gehen?*

PRÄSENTATION:
1. Die Grundstruktur unserer Seele
  Jugendchor: *Tausend Stimmen*
2. Die Anfälligkeit für Sekten
  Jugendchor: *My Sweet Lord*
3. Was tun?
4. Wie Jesus das Problem löst
  Jugendchor: *Vertrauen wagen*

CREDO

Kollektenansage

Lied: Kommt herbei 4-5 (EG 577)

Fürbitten

Vaterunser

Jugendchor: *Deine Zukunft kennst du nicht*

Segen

Orgelnachspiel

RELIGIÖSE LÜGEN

WIE MAN MIT GOTT UND GLAUBEN AUCH UNFUG TREIBEN KANN

1. Zur Theologie

Wenn du ganz und gar sicher bist, dass es Gott ist, den du zu kennen meinst, dann kannst du ganz und gar sicher sein, dass es nicht Gott ist. Dieser Gedanke, frei nach Karl Barths dialektischem Ansatz im Römerbrief von 1919 formuliert, bewahrt unser religiöses Denken davor, in profanen Richtigkeiten aufzugehen. Noch schlimmer als die profanen Richtigkeiten aber sind die profanen Falschheiten, religiöse Allgemeinplätze, die aus einer theistischen Verbürgerlichung des Christentums herrühren, einer biblischen Prüfung aber nicht standhalten. Drei solcher Sätze wollen wir in diesem Gottesdienst behandeln.

Sie lauten:
– Gottes Liebe muss man sich erarbeiten (gegen Röm 3,24)
– Gott wird mich vor allem Bösen schützen (gegen Psalm 23,4f; Mt 5,10f)
– Mit Jesus geht alles ganz leicht (gegen Phil 2,12)

Dass falsche Glaubenssätze psychosomatisch krank machen können, ist ein Nebengedanke, der aber in der Vorbereitung ausgebaut werden könnte.

2. Zur Didaktik

Religiöse Allerweltssprüche sind Jugendlichen schon von Kind auf bekannt. Berühmtestes Beispiel ist wohl der Satz »Kleine Sünden bestraft der liebe Gott

sofort«. Wir demonstrieren derartige Sätze an profanen, z.T. alltäglichen Bege-
benheiten, um nicht in eine theoretische dogmatische Belehrung abzugleiten.

3. Praktische Tipps zur Durchführung

3.1 In der Vorbereitungsgruppe mit den Jugendlichen religiöse Sätze aus der
Kindheit erinnern und sammeln.
3.2 Jugendliche sollen ein Elterninterview durchführen: Nennt uns die zehn
wichtigsten Sätze über Gott!
3.3 Anhand des Materialanhanges zum Sektengottesdienst (vgl. S.121) am Persönlichkeitsmodell erläutern, wo die »elterlichen Sätze« stecken: meist im
Über-Ich.
3.4 Die im Entwurf verwendeten Folien mit dem Spruch »Lieber Gott, mach
mich fromm...« haben die Jugendlichen selbst hergestellt. Es empfiehlt sich, sie
mit jeder Gruppe neu anzufertigen, damit Jugendliche möglichst viel »eigenes
Produkt« präsentieren können.

4. Requisiten

Zwei Tageslichtprojektoren, selbsterstellte Folien, weißer Kittel, Stellwand.

5. Literatur- und Medienhinweise

Ulrich Eibach, Heilung für den ganzen Menschen? Ganzheitliches Denken als
Herausforderung von Theologie und Kirche, Neukirchen-Vluyn 1991.
Michael Nüchtern, Was heilen kann. Therapeutische Einsichten aus biblischen
Geschichten, Göttingen 1994.
Chris Thurmann, Lügen, die wir glauben. Der Grund Nr. 1 für unser Unglück-
lichsein, Asslar 1991.

PRAISE

Orgelvorspiel

Begrüßung

Lied: Herr Jesu Christ, dich zu uns wend (EG 155)
oder:
Lied: Es ist ein köstlich Ding (EG 285)

Eingangswort

Psalm 139* (EG 759.1):
Herr, du erforschest mich
und kennest mich.
Ich sitze oder stehe auf, so weißt du es;
du verstehst meine Gedanken von ferne.
Ich gehe oder liege, so bist du um mich
und siehst alle meine Wege.
Denn siehe, es ist kein Wort auf meiner Zunge,
das du, Herr, nicht schon wüsstest.
Von allen Seiten umgibst du mich
und hältst deine Hand über mir.
Diese Erkenntnis ist mir zu wunderbar und zu hoch,
ich kann sie nicht begreifen.

Gem.: Ehr sei dem Vater (EG 177)

Gebet:
Gott, gelegentlich verwechseln wir dich
mit einem himmlischen Serviceunternehmen;
Anruf – Bestellung – versandfertig in zwei Tagen...
Wenn es dich gäbe, Gott, dann müsstest du besser funktionieren,
unsere Wünsche erfüllen, über unsere Schwächen hinwegsehen...
Du müsstest, Gott...
Was müsstest du?
Irgendwie müsstest du, wie *wir* wollen, Gott.
Deshalb geschieht auch nicht, was *du* willst.
Zu unserem Schaden...
Verzeih uns, Gott!

Gem.: Amen

Jugendchor: Herr, wir tragen viele Masken (G. Spitzer / K. Panthel, in: Songs junger Christen 2, Nr. 136)
oder:
Jugendchor: Was ist Wahrheit? (H.-L. Dieterich, in: Songs junger Christen 2, Nr. 207)

Lesung: Eph 4,17-29

Gem.: Halleluja

Lied: O komm, du Geist der Wahrheit 1-4 (EG 136,1-4)
oder:
Kanon: Sende dein Licht (EG 172)

MESSAGE

Pfarrer/in: Religiöse Lügen – die sind heute unser Thema. Religiöse Lügen, das sind Sätze über Gott, die wir unbewusst verinnerlicht haben und die unseren Glauben, unser Fühlen und unser Handeln bestimmen. Die erste Lüge heißt:

1. Gottes Liebe muss man sich erarbeiten[25]

J1 legt eine Folie auf mit der Aufschrift:
GOTTES LIEBE MUSS MAN SICH ERARBEITEN

Pfarrer/in: Wie entsteht ein solcher Glaube? Schauen wir uns die Entwicklung eines Menschen im Schnelldurchlauf an:

Szene 1 – Die Kindheit

Eine Familie tritt auf. Ein Kind sitzt in der Mitte. Links und rechts neben dem Kind stehen die Eltern und lesen abwechselnd eindringlich den Text von Bert Brecht, »Was ein Kind gesagt bekommt«:

Der liebe Gott sieht alles.
Man spart für den Fall des Falles.
Die werden nichts, die nichts taugen.
Schmökern ist schlecht für die Augen.
Kohlentragen stärkt die Glieder.
Die schöne Kinderzeit kommt nicht wieder.
Man lacht nicht über ein Gebrechen.
Du sollst Erwachsenen nicht widersprechen.
Man greift nicht zuerst in die Schüssel bei Tisch.
Sonntagsspaziergang mach frisch.
Zum Alter ist man ehrerbötig.
Süßigkeiten sind für den Körper nicht nötig.

---

[25]Vgl. hierzu Thurmann, Lügen, 140ff.

Kartoffeln sind gesund.
Ein Kind hält den Mund.

(aus: Werke. Große kommentierte Berliner und Frankfurter Ausgabe. Band 14,
© Suhrkamp Verlag Frankfurt am Main 1993)

Pfarrer/in: Tja, all dies im Namen Gottes, der »alles sieht«?

J1 legt die Folie »Lieber Gott« auf einen zweiten Projektor:

Pfarrer/in: Als Erwachsener gerät dieser Mensch in eine geistliche Fundi-Szene:

Szene 2 – Die Erwachsenenzeit

Ein Prediger besteigt die Kanzel. A hört ihm zu.

P: ... nehmt Gott ja nicht leicht ... Er lässt sich nicht spotten ... Er kennt euer
ganzes Leben ... Und wer zu lau ist, den wird er ausspeien aus seinem Munde
... Gott sieht alles ... Er ist gerecht ...

A erschrickt, beginnt zu weinen und läuft weg.

128

Pfarrer/in: Wie mag dieser Mensch sich fühlen? Seit seiner Kindheit glaubt er, er tauge nicht recht. Er hechtet seiner Leistung hinterher, aber es reicht nie.

J1 legt die Folie »Mach mich fromm« auf den zweiten Projektor:

mach mich fromm

Pfarrer/in: Noch als Sterbender leidet er unter dieser religiösen Lüge:

A auf dem Sterbebett. Ein Seelsorger verabschiedet sich gerade.

A: Ich habe Angst ... ich will IHM nicht ins Auge sehen müssen ... SEINE Gerichte sind gerecht und unerforschlich ...(lauter) ... Ich habe Angst ... ich will nicht sterben ... ich bin nicht würdig ...

Pfarrer/in: Gottes Liebe muss man sich erarbeiten – dieser Satz kann das ganze Leben verderben. Er ist eine religiöse Lüge.

J1 legt eine weitere Folie auf: »...dass ich in den Himmel komm«

daß ich in den
Himmel komm!

Pfarrer/in: Dies ist wohl das unchristlichste Gebet, das Christen beten. Ihr habt gesehen, wohin es führt.

Jugendchor oder Solo: Herr, du nimmst mich, so wie ich bin (P. Rettinger, in: Singt von Jesus, 157)

Pfarrer/in: Eine zweite Lüge heißt:

2. Gott wird mich vor allem Bösen schützen[26]

Szene 1

Zwei Jugendliche unterhalten sich auf dem Schulhof über die letzte Konfi-Stunde und blättern dabei in einer Bibel.

---

[26]Vgl. hierzu Thurmann, Lügen, 148ff.

J1: Du schau mal, was ich noch nie kapiert habe, hier steht: »Der Herr ist mein Hirte, mir wird nichts mangeln.« Das ist doch der totale Quatsch.

J2: Wieso? Hier, in Psalm 37,5, steht doch auch: »Befiehl dem Herrn deine Wege und hoffe auf ihn, er wird's wohl machen.« Ist doch klar, wenn du genug glaubst, geschieht dir nichts, du wirst nicht krank, schreibst alle Arbeiten gut, *(immer verklärter)* hast immer Glück, alles geht gut, keine Probleme ...

Szene 2

J2 hat seit längerem mit chronischen Schmerzen zu kämpfen.

J2: Ich weiß auch nicht, was mit mir los ist. Ich glaube, ich geh mal zum Pastor.

P: Du wirst einfach nicht gesund? Vertraue dich Gott an. Er ist dein Arzt. Du wirst haben, wie du glaubst. Jesus will keine Krankheit. Wenn du genug vertraust, wird er dich heilen *(redet in diesem Stil weiter, währenddessen wendet J2 sich ab).*

J2: Glaube genug ... glaube genug ... Was meint der, was ich den ganzen Tag tue? Ich glaube und bete, aber es wird nicht besser. Ob er mich strafen will? Ich denke, ich werde mal zum Arzt gehen, oder ist das schon Unglaube?

J2 kommt zum Arzt.

A: Ach, Glaube hin, Glaube her. Wenn du krank bist, bist du krank. Meinst du, Gott führt deinen Stoffwechsel an der Leine? Nee, das glaub man, das hat da nix mit zu tun. Zeig mal her!

A untersucht J2 und schreibt was auf.

A: Da, nimm hin und trink, das wird dir helfen.

J2 *(verunsichert):* Der eine sagt, Gott macht alles, der andere sagt, Gott macht nix. Was soll ich denn nun glauben? Ich geh mal zum Psychologen.

P: Weißt du, alles, was in deiner Seele stattfindet, hat auch Einfluss auf dein Wohlbefinden. Man könnte Krankheit manchmal auch als Sprache der Seele bezeichnen. Wenn dir etwas auf dem Magen liegt, bekommst du Magenschmerzen. Wenn du 'nen dicken Hals hast, bekommst du leichter Mandelentzündung. Wenn du Aggressionen runterschluckst, bekommst du Bluthochdruck, und wenn dir eine Aufgabe zu schwer ist, kann es sein, dass sich Rückenschmerzen einstellen. Psychosomatik nennt man das.

J2: Und Gott – was ist mit dem? Ich denke, der bewahrt mich vor allem Übel?

P: Ich weiß nicht, was Gott tut – bin kein Pastor. Aber musste Jesus nicht auch leiden? Und der war doch bestimmt gläubig, oder?

Pause – J2 verunsichert.

P: Und jetzt erzähl mal, was bedrückt dich … ?

P und J2 unterhalten sich und gehen dabei ab.

Pfarrer/in: Tragen helfen, das wäre unsere Aufgabe als Christen. Im alten Israel gab es fromme Leute, die haben kranken und beladenen Menschen auch noch die Schuld an ihrem Leid gegeben. Etwa Aussätzige: die galten als von Gott geschlagen. Es musste also eine verborgene Sünde geben, und Sündern half man nicht. Sollen sie an Gott glauben, dann würde Er sie schon heilen...
Jesus wurde einmal gefragt, wer bei einem blindgeborenen Menschen gesündigt hat, der Mensch oder seine Eltern. Wisst ihr, was Jesus geantwortet hat? Keiner von beiden! Er hat die Mühseligen zu sich eingeladen …, um ihnen tragen zu helfen!

Jugendchor: Kommt doch her zu mir (T, M + Satz: Leif Lundberg, deutsch: Roselinde Bartel, Originaltitel: Kom till mig, aus: »Singt das Lied der Lieder«, Bd. 1, © by Life Music (Leif Lundberg), Schweden, © für D, A, CH: Hänssler Verlag, D-71087 Holzgerlingen)

Aufführungsvorschlag:
1. *Strophe: Sopran und Alt singen Melodie;*
2. *Strophe: Sopran singt Melodie – Tenor die Tenorstimme;*
3. *Strophe: Tenor und Baß singen Melodie;*
4. *Strophe: 4-stimmiger Chorsatz.*

3. Mit Jesus geht alles ganz leicht

Pfarrer/in: Ja und dann gibt's da noch den frischbekehrten »Don't-worry-be-happy-Typen«. Der weiß gar nicht, wo die Probleme sind:

J1 tritt auf, Bibel unterm Arm, und legt die Folie »Mit Jesus geht alles ganz leicht« auf den Projektor

J1: Also ich mache mir keine Sorgen über solche Fragen. Hab ich ein Problem, dann sag ich's Jesus ... und zack, löst Er mein Problem. Mit Jesus ist alles ganz leicht. Sagt Er selbst: Sorget euch nicht um den morgigen Tag ... kennt ihr ja, Matthäus 6. Jesus ist echt der Typ ... mit Ihm kann gar nichts schief gehen ... Hier, in Psalm 91, heißt es: Gott hat seinen Engeln Befehl gegeben, dass sie mich behüten ... also, was will ich mehr ...

Forscht begeistert in der Bibel. J2 kommt mit nachdenklichem Gesicht.

J2: Sag mal, hast du beim letzten Jugendgottesdienst nicht aufgepasst oder was? So leicht ist das doch alles gar nicht. Dietrich Bonhoeffer z.B., der hat immer an Gott geglaubt, und er wurde doch ins Gefängnis geworfen *(legt eine Folie »Gefängnisgitter« über den Spruch)...*

... und dann wurde er auch noch hingerichtet. Das war gar nicht leicht – auch mit Jesus nicht!

J1: Und ... hat Bonhoeffer den Glauben verloren?

J2: Nein, sein Glaube hat ihn durchgetragen ... aber leicht war es für ihn nicht. Ja, er glaubte an die guten Mächte, denen Gott Befehl gegeben hat, aber sein Glaube war schwer.

J1: Dann hat er nicht *aus* Erfahrung an Gott geglaubt, sondern *trotz* der Erfahrung?

J2: Genau! Das Leben besteht aus guten und aus schlechten Tagen. Jesus trägt durch beide. Weißt du, was Bonhoeffer kurz vor seinem Tod gedichtet hat?

J1: Nee, was denn?

J2: Dann hör mal zu:

Die Gemeinde singt Bonhoeffers Lied:

Lied: Von guten Mächten (EG 65 oder 652)

CREDO (von D. Bonhoeffer EG 813)

BLESSING

Kollektenansage

Während des Einsammelns Lied: Befreit zum Glauben (J. Jourdan / B.-M. Müller, in: Hört zu – Singt mit, Nr. 26a)

Fürbitten:
Gebet, z.B. »Ewiger, heiliger, geheimnisreicher Gott« (in: J. Zink, Wie wir beten können, Stuttgart-Berlin 1970, 11)

Vaterunser

Jugendchor: Gott kennt keine Lügen (E. Meinhard, in: Singt von Jesus, Nr. 117)
oder:
Lied: Nun singe Lob, du Christenheit (EG 265; Strophe 5: »Wahrheit«!)
oder:
Jugendchor: Segenslied (K. Heizmann, in: Lieder zum Leben, Nr. 51)

Segen

Orgelnachspiel

Orgelvorspiel

Begrüßung

Lied: Herr Jesu Christ, dich zu uns wend (EG 155)

Eingangswort

Psalm 139* (EG 759.1)
  Ehr sei dem Vater
Gebet
  Amen

Jugendchor: *Herr, wir tragen viele Masken*

Lesung: Eph 4,17-29
  Halleluja

Lied: Oh komm, du Geist der Wahrheit (EG 136,1-4)

PRÄSENTATION:
1. Gottes Liebe muss man sich erarbeiten
   Jugendchor: *Herr, du nimmst mich, so wie ich bin*
2. Gott wird mich vor allem Bösen schützen
   Jugendchor: *Kommt doch her zu mir*
3. Mit Jesus geht alles ganz leicht

Lied: Von guten Mächten (EG 65 oder 652)

CREDO (EG 813)

Kollektenansage

Lied: *Befreit zum Glauben*

Fürbitten

Vaterunser

Jugendchor: *Gott kennt keine Lügen*

Segen

Orgelnachspiel

136

MARTIN LUTHER –

WER WAR DAS DENN?

1. Zur Theologie

Die Lehre von der »Rechtfertigung aus Gnade« gehört zurzeit – trotz öku-
menischer Rechtfertigungserklärung – nicht zu den aktuellsten Themen in der
Kirche, zumindest nicht auf Gemeindeebene. Gleichwohl ist und bleibt sie das
Zentrum evangelischen Glaubens. Innerhalb der Jugendszene wird dieses Thema in gewissem Sinne sogar eingefordert, nämlich dann, wenn eine der
populärsten Punk-Gruppen unseres Landes mit einem Song die Charts
erstürmt, der uns geradewegs in die Auseinandersetzungen an der Grenze Kursachsens im Jahre 1517 führt: *Ich will nicht ins Paradies, wenn der Weg dahin
so schwierig ist* (Die Toten Hosen). Wenn der bekannte Sänger Campino öffentlich in einer Fernsehtalkshow (B. trifft ...10/96) erklärt, er habe als Protestant
seine Kirche verlassen, weil ihm vieles in der katholischen Kirche missfalle, ist es
an der Zeit, mit Jugendlichen über den Zugang zum »Paradies« zu sprechen.
Der Gottesdienst kontrastiert die Angst- und Ablasspredigt Tetzels mit der Neu-
entdeckung der Gnade durch Martin Luther. Die Rechtfertigung aus Glauben
ist der theologische Kerngedanke. Allein um ihn geht es.

2. Zur Didaktik

Reformationszeit (Choral) und Gegenwart (zeitgenössische Musik) werden bewusst ineinander verschränkt, um eine Vergegenwärtigung des reformatorischen Anliegens zu erreichen. Wir halten keine Predigt, der Pfarrer / die Pfarrerin beschränkt sich auf einige Überleitungen.

3. Praktische Tipps zur Durchführung

3.1 Auch dieser Gottesdienst ist nicht am Schreibtisch entstanden, sondern wurde mit einer Gruppe Jugendlicher entworfen. Die Jugendlichen wählten selbst Schwerpunkte der Darstellung und erarbeiteten die Spielszenen. Bei den Formulierungen wurde nicht in erster Linie auf »gewähltes Deutsch« Wert gelegt, sondern auf die Sprachgepflogenheiten der Mitarbeitenden. Die Akteure spielten ursprünglich frei nach Stichworten. Der vorliegende Text ist daher als Anregung zu verstehen und kann variiert werden. Er soll ein Impulsgeber für die Beschäftigung mit Martin Luther sein. Bearbeiten Sie ihn mit Ihrer Jugendgruppe.
3.2 Die nötigen Playbacks der Popstücke stellen Jugendliche gern selbst her.
3.3 Der Entwurf eignet sich auch zum Gebrauch im Religionsunterricht oder in Projektwochen. Reli- und Geschichtslehrer/innen ortsansässiger Schulen werden mit ihren Kursen zu diesem Gottesdienst eingeladen.
3.4 Die katholischen Jugendgruppen der Nachbargemeinde (KJG) würden sich sicher über eine Einladung freuen. Der Auslöser der Reformation ist heute ein wichtiges ökumenisches Thema.

4. Requisiten

Kassettenrekorder, Stellwand mit leerem Plakat, dicker Filzer, zwei Handys, Hirtenstab (Papst), Gewand (Kaiser), Kutte (Luther), langer Mantel (Albrecht), Holzkasten, große Bibel.

5. Literatur- und Medienhinweise

Klara Braun, U-Einheit: Die Lutherrose – ein etwas anderer Zugang zu Luthers Erkenntnis in einem 4. Schuljahr, in: Braunschweiger Beiträge 78 (1996), 24-25.
Pia Dittmann-Saxel, Reformation – damals und heute. Ein Schulgottesdienst zum Reformationstag, in: Braunschweiger Beiträge 89 (1999), 26-30.
Hans Jochen Genthe, Martin Luther. Sein Leben und Denken, Göttingen 1996.
Gudrun Storm, U-Einheit: Stationen Martin Luthers auf seinem Weg zur Reformation der Kirche, in: Braunschweiger Beiträge 82 (1997), 7-10.
Videofilm »Martin Luther«. Dokumentarischer Spielfilm, ZDF Profil Video, BMG Video 74321 33959 3.

6. Internetseiten

www.bc.edu/bc_org/avp/cas/ger/luther.html
Martin Luther Index Verborum
www.iclnet.org/pub/resources/text/wittenberg/wittenberg-home.html
Projekt Wittenberg
www.luther.de
Die Lutherseite

PRAISE

Orgelvorspiel

Begrüßung

Lied: Nun freut euch, liebe Christen g'mein (EG 341,1-3)

Eingangswort

Psalm 118* (Luthers Lieblingspsalm; EG 751.1):
Danket dem Herrn; denn er ist freundlich,
und seine Güte währet ewiglich.
Der Herr ist meine Macht und mein Psalm
und ist mein Heil.
Man singt mit Freuden vom Sieg in den Hütten der Gerechten:
Die Rechte des Herrn behält den Sieg!
Ich werde nicht sterben, sondern leben
und des Herrn Werke verkündigen.

Gem.: Ehr sei dem Vater (EG 177)

Jugendchor: Lobpreis und Ehre (G. Sadler / J. Harvill, aus: Du bist Herr. Anbetungslieder 3, Nr. 160)
oder:
Ich lobe meinen Gott (H.-J. Netz / C. Lehmann, aus: ML 1, B 101)

Gebet:
Unser Gott, wir danken dir, dass du immer wieder neue Wege mit deiner Kirche gehen willst.

Wir danken dir, dass du immer wieder Menschen berufst, die es wagen, neu-en Wein in neue Schläuche zu gießen.

Lass uns Menschen sein, die deine Wege mitgehen und die nicht beim ersten Gegenwind kalte Füße kriegen.

»Grade klare Menschen wär'n ein schönes Ziel. Leute ohne Rückgrat hab'n wir schon zu viel.«[27]

Lesung: Römer 3,21-28 (versweise abwechselnd durch zwei Jugendliche)

Gem.: Halleluja

Lied: Nun freut euch, liebe Christen g'mein (EG 341,4-7)

MESSAGE

Pfarrer/in: Kennt ihr den Weg zu schnellem Reichtum? Die Formel ist einfach und funktioniert fast immer: Macht, gemischt mit Selbstherrlichkeit in religiö-sem Gewand, angesetzt auf Ängste und Unwissenheit der Menschen, gewürzt mit einem gehörigen Schuss Skrupellosigkeit ergibt: Die Menschen ziehen im Namen des Herrn ihr letztes Hemd aus. So auch im Jahre 1517 an der Grenze Kursachsens:

Ablassverkäufer Tetzel tritt marktschreierisch mit Holzkasten vor dem Altar auf.

Tetzel: Ablass! Hier Ablass! Drei Monate Ausschluss von der Messe, jetzt für einen Taler getilgt ...! Fünfzig Vaterunser, jetzt für zwei Taler erlassen ...! Kir-chenstrafen an der Börse ... ! Macht den Deal eures Lebens, liebe Leute ... !

Ein Sünder kommt nach vorn.

Tetzel: Was ist dein Begehr, mein Sohn?

Sünder: Einen Ablass für die Bußwallfahrt, bitte. Den für 8,50, bitte!

Tetzel verkauft den Ablassbrief, der Mann bezahlt, man hört das Geld in den Holzkasten fallen, der Sünder geht ab.

---

[27]Zit. aus: B. Wegener, Kinder, Str. 8, in: ML 1, D 2.

Tetzel *(grinst):* Wer hat noch nicht, wer will noch mal? Kauft euch frei, kein lästiges Beten als Strafe mehr, kein Fasten mehr, kein Geißeln mehr ... die neue Ablass-Card macht's möglich ...!

Eine Sünderin kommt nach vorn.

Sünderin: Ich habe beim Nachbarn Äpfel geklaut. Die Kinder hatten Hunger. Und jetzt drückt mich mein schlechtes Gewissen.

Tetzel: Null Problemo! Fünf Taler in den Ablassfonds und deine Weste ist rein!

Sünderin bezahlt und geht ab.

Kurze Einspielung (MC/CD): »Money« von Pink Floyd (in: Pink Floyd, The Dark Side of the Moon)

Pfarrer/in: Tja, so ähnlich mag es sich abgespielt haben, damals, an der Grenze Kursachsens. Kardinal Albrecht von Mainz und sein Predigermönch Tetzel hatten eine echte Marktlücke entdeckt: Erlass von Kirchstrafen gegen Cash Money. Stark, was? Albrecht hatte Schulden bei der Fuggerbank, der Papst brauchte Knete für 'ne neue Kirche, Tetzel hatte den Erfolg, und die Menschen, ja die freuten sich, dass sie von dem ganzen frommen Zeug ab waren. Lächelnd löhnen und sich dabei wohlfühlen – alle hatten was davon. Wenn das nicht cool ist ...!? Da brachte Tetzels Erfolg Albrecht auf eine neue Idee:

Albrecht kommt zu Tetzel.

Albrecht: Sag, mein Freund, wir sollten deine Geschäftsidee marketingmäßig ausbauen. Wenn das Geld locker sitzt, muss man zuschlagen. Wer zu spät kommt, den bestraft das Leben...

Tetzel: Ich hätte da einen Vorschlag!

Albrecht: So rede er!

Tetzel tuschelt Albrecht etwas ins Ohr.

Albrecht: Großartig! Genial! Fang er sofort damit an!

Albrecht ab.

Tetzel *(enthusiastisch zur Gemeinde):* Ablass ... jetzt noch besser ... mit der heiligen 3-D-Formel ... kirchlich getestet! Vier Wochen Fegefeuererlass für nur 22,95 ... 30° Temperaturerlass für sage und schreibe 19,95 ... Jenseitige Strafmilderung für verblichene Verwandte für schlappe 37,50 ...

Ein/e Sünder/in kommt nach vorne und kauft einen Ablassbrief für den verstorbenen Opa.
Währenddessen betritt Martin Luther im Mönchsgewand von der Seite die Szene und geht, aus der Ferne kritisch beobachtend, stutzend und kopfschüttelnd auf und ab.

Tetzel: Kauft Ablass, kauft Ablass! Jetzt mit der ultraaktiven Jenseitsformel MEGATRANS. Wenn das Geld im Kasten klingt, die Seele aus dem Feuer springt!

Kurze Einspielung (MC/CD): »Ich will nicht ins Paradies, wenn der Weg dahin so schwierig ist« (Refr.) (von: Die Toten Hosen, Opium fürs Volk)

Pfarrer/in: Nicht schlecht, was? Die haben einfach den Erlass von irdischen Kirchenstrafen in den Erlass von göttlichen Jenseitsstrafen verzaubert und fertig war der Lack. Offenbar hatte Tetzel den direkten Online-Zugriff auf Gottes himmlische Sünderdatenbank!?
Aber ein Augustinermönch namens Martin Luther, vom Papst beauftragter Doktor der Bibelwissenschaften, wurde skeptisch. Irgendetwas stimmte nicht an diesem kirchlichen Aufschwung. Da begann er, in der Bibel zu forschen, wie sich die Sache verhielte. War das wirklich alles im Sinne Gottes?

Luther geht hinter den Altartisch und vertieft sich pantomimisch in das Bibelstudium. Währenddessen singt der Jugendchor:

Jugendchor: Denn wer ist Gott, außer dem Herrn? (M. Pepper / D. Schmalenbach, aus: Das gute Land, Nr. 37)
oder anderes modernes Themenlied, in dem nach Gott gefragt wird

Luther *(liest laut Römer 3,23b-26, langsam, fragend, verwundert, stockend, und wiederholt am Schluss den Vers):* »... und werden ohne Verdienst gerecht aus seiner Gnade durch die Erlösung, die durch Jesus Christus geschehen ist ...«

Lied: Jesus Christus starb für mich (T+M: Peter Strauch, aus: »Ich will Dir danken«, © 1975 Hänssler Verlag, D-71087 Holzgerlingen)
oder:
Wir haben einen wunderbaren Herrn (D. Schmalenbach, in: Lied des Lebens, 18)

1. Je - sus Chri - stus starb für mich. — — Je - sus Chri - stus starb für dich. — — —

Für die gan - ze Welt starb er am Kreuz. Er nahm uns - re Schuld auf sich. — — —

R.: Herr, ich dan - ke dir, daß du mich liebst. Dei - ne Gna - de gilt auch mir. — — —

Dan - ke, Herr, daß — du die Schuld ver - gibst. Ich will le - ben, Herr, mit dir. — — —

2 Jesus ist der Weg für mich. Jesus ist der Weg für dich. / Jesus ist der Weg zum Vaterhaus. Er nahm unsre Schuld auf sich.

3 Jesus Christus, er ruft mich. Jesus Christus, er ruft dich. / Mach dich auf und folge Jesus nach. Er nahm unsre Schuld auf sich.

oder:
Chor bzw. Solo: So ist Versöhnung[28] (J. Werth / J. Nitsch, in: Hört zu – Singt mit.
43 Lieder junger Christen, Nr. 41, und in: Songs junger Christen 3, 139.)

Luther schreibt auf ein großes Plakat an einer Stellwand die Worte:
ALLEIN AUS GNADE – DER EINTRITT IN DEN HIMMEL IST FREI

Luther *(hochmotiviert zur Gemeinde):* Das ist es! Das muss Albrecht wissen. Wenn Christus uns erlöst hat, brauchen wir keinen Ablass. Ich werde ihm sofort ein Fax schicken. Tetzels Abmahnung ist sicher...!

Luther geht ab und übergibt Albrecht ein Schriftstück. Albrecht liest und wird sichtlich nervös. Er sucht den Papst auf [evtl. auch als Internet-Konferenzschaltung inszenierbar].

Albrecht: Rom, wir haben ein Problem! Ein Wittenberger Mönch macht uns die Preise kaputt. Er hält den Ablass für überflüssig. »Allein durch Gnade«, predigt er. Was sollen wir tun?

Papst: Das ist die Höhe! Mit der Heiligen Mutter Kirche hat sich noch niemand ungestraft angelegt. Wir werden mit der Disziplinarkammer beraten, was zu tun ist. Mach er sich auf einiges gefasst! Bestelle er das diesem Querulanten!

Albrecht und Papst ab.

---

[28]Vgl. in »Gewalt – wie gehen wir damit um?«

Pfarrer/in: Das kam dem Papst offenbar gar nicht aus, dass die Bibel anderer Meinung war als er. Nach einer Reihe von Ermahnungen und Disputen, die er über Legaten an Luther herantrug, beschloss er, dem Wittenberger Mönch den Bann anzudrohen, den Verlust aller bürgerlichen und kirchlichen Rechte. »Lass es sein«, wollte er ihm faxen!

Orgelimprovisation über »Erhalt uns, Herr, bei deinem Wort« (EG 193)

Pfarrer/in: Aber Luther ließ nicht ab. So setzte sich die »Bannandrohungsmaschinerie« in Gang. In vielen Disputationen sollte Martin Luther zum Widerruf bewegt werden. Aber Luther begann, die Heilige Schrift immer mehr zu erforschen und zu schätzen ... Bis sich der Kaiser einschaltete. Der spanische König war inzwischen zum »Kaiser Karl V.« gewählt worden. Auf dem Reichstag in Worms musste er sich auch mit dem »Fall Luther« befassen.

Luther wird von zwei Begleitern vor den Kaiser geführt, der vorn in der Kirche thront.

Kaiser: Dies also ist er, der Mönch aus Wittenberg, von dem alle Welt spricht, der alles besser weiß. Ist er ein Aufrührer gegen die heilige Ordnung? Was hat er vorzubringen? Rede er!

Luther: Tetzel verlangt Geld von den Menschen für Gottes Barmherzigkeit. Er verscherbelt Gottes Liebe und macht aus dem Himmel eine Börse – Anteile an Heiligenverdiensten ... Er führt die Menschen in die Irre, er zockt sie ab ... Albrecht scheint das recht und billig zu sein. Er und Tetzel haben die Unvollkommenheit der Menschen zur Goldgrube gemacht!

Kaiser *(erregt):* Was ist daran schlecht? Das elende Sünderpack fühlt sich besser und Rom kann endlich seine Immobilienfonds aufstocken. Du stehst quer in der Firma, mein Junge. Fundis wie du werden das kommende Kirchensteuerloch auch nicht stopfen. Was wir brauchen, ist pragmatische Fantasie, Innovation und Strategie, mein Junge. Träumer hat die Welt schon genug. Gib Ruhe und widerrufe, sonst kann ich für nichts garantieren!

Luther: Widerrufen? Ok., ich werde widerrufen – aber nur, wenn Ihr mir aus der Heiligen Schrift nachweist, dass ich irre. Gottes Wort allein steht über allem!

Luther mit Begleitern ab.

Lied (Gemeinde oder Chor): Erhalt uns, Herr, bei deinem Wort, Str. 1 (EG 193)

Der Kaiser gerät in Stress, holt ein Handy hervor und ruft den Papst an. Der Papst sitzt abseits, aber sichtbar, und nimmt das Gespräch an.

Papst: Pontifex Maximus bei der Arbeit ...

Kaiser: Hier Worms, Reichstag, Plenarsaal, Karl der V. am Apparat.

Papst: Mein Sohn, was läuft? Spreche er sich aus!

Kaiser: Heiliger Vater, soeben verhörten wir Dr. Martin Luther, jenen Querulanten aus Wittenberg, der altkluge Schlauberger. Er sagt, er wolle widerrufen, wenn er aus der Bibel widerlegt werde. *(Verzweifelt:)* Aber ich weiß doch gar nicht, was da drin steht! Ich meine, wen interessiert das schon? Mann, ich hab' doch keine Zeit für so was ...!

Papst: Aus der Bibel widerlegen ...? Kennt doch keiner. So was wird verkauft, nicht gelesen. Und außerdem, Papier ist geduldig. Erledige er das Problem! Aber sauber, elegant und diskret...

Beide legen ihre Handys aus der Hand. Luther wird wieder hineingeführt und vor den Kaiser gestellt.

Kaiser: Nun, hat er sich besonnen?

Luther: Solange ich nicht aus der Schrift widerlegt werde, widerrufe ich nicht. Ich glaube an Jesus und die Gnade und nicht an Tetzels Hölleninvestmentfonds. *(Wendet sich vom Kaiser ab und der Gemeinde zu, ruft:)* Hier stehe ich, ich kann nicht anders. So wahr mir Gott helfe! Amen.

Luther ab.

Pfarrer/in: Und so verließ Martin Luther den Reichstag. Auf dem Heimweg wurde er entführt und heimlich auf der Wartburg in Sicherheitsgewahrsam gebracht. Friedrich der Weise nahm ihn in eine Art Schutzhaft. Als »Junker Jörg« übersetzte Luther dort das Neue Testament. Im Lande aber nahm das Evangelium von der kostenlosen Gnade seinen Lauf ...

Lied: Ein feste Burg ist unser Gott 1-3 (EG 362)

CREDO:
Luthers Glaubenslied (EG 183) gemeinsam gesprochen
oder: Apostolisches Glaubensbekenntnis

BLESSING

Kollektenansage

Während des Einsammelns Orgelimprovisation über »Ein feste Burg« (EG 362)

Fürbittengebet:
Herr, unser Gott, wir danken dir dafür, dass du ein Gott der Liebe bist und nicht der Abrechnung. Du hast die Schuld und die Verfehlungen unseres Lebens entsorgt durch deinen Sohn Jesus Christus. In Ihm hast du uns freigesprochen. Wir »wollen gern ins Paradies, weil der Weg dorthin sehr einfach ist«. Schenk uns Glauben und Vertrauen in diese Botschaft.

Daher rufen wir zu dir: *Erhalt uns, Herr, bei deinem Wort.*

Herr, unser Gott, wir bitten dich im Namen Jesu Christi:
– Schenke deiner Kirche einen neuen Blick für das Zentrum unseres Glaubens.
– Schenke deiner Kirche eine neue Sensibilität für das Wesentliche ihres Auftrags.
– Schenke deiner Kirche eine neue Glaubwürdigkeit dadurch, dass wir das Wort von der Vergebung nicht nur lehren, sondern leben.

Daher rufen wir zu dir: *Erhalt uns, Herr, bei deinem Wort.*

Hier aktuelle Fürbitten einsetzen
oder:
Neue Eingangs- und Fürbittengebete für die Sonn- und Feiertage des Kirchenjahres, hg. von W. Brinkel und H. Hilgendiek, Gütersloh 1994, 149
oder:
Luther-Gedenken '96. Bausteine und Materialien für die Gemeinde, hg. von Deutsche Bibelgesellschaft 1995, B 3 oder C 3.

Vaterunser

Lied: Nun freut euch, liebe Christen g'mein (EG 341, 8-10)

Evtl. Einladung zum Nachgespräch

Segen

Orgelnachspiel

Orgelvorspiel

Begrüßung

Lied: Nun freut euch, liebe Christen g'mein (EG 341,1-3)

Eingangswort

Psalm 118* (EG 751.1)
  Ehr sei dem Vater

Jugendchor: *Lobpreis und Ehre*

Gebet

Lesung: Römer 3,21-28
  Halleluja

Lied: Nun freut euch, liebe Christen g'mein (EG 341,4-7)

PRÄSENTATION:
Kleines Luther-Anspiel
Dazwischen Einspielungen und Jugendchor: *Denn wer ist Gott* oder *Jesus Christus starb für mich*

Lied: Ein feste Burg 1-3 (EG 362)

CREDO (EG 183 gesprochen)

Kollektenansage

Orgelimprovisation über »Ein feste Burg« (EG 362)

Fürbitten

Vaterunser

Lied: Nun freut euch, liebe Christen g'mein (EG 341,8-10)

Segen

Orgelnachspiel

DURCHBLICK IN SACHEN GOTT

EIN WUNDER JESU – Markus 10,46-52

1. Zur Theologie

Die neutestamentlichen Wundererzählungen gehörten lange Zeit zu den Stief-
kindern der Theologie. Seit Rudolf Bultmanns berühmtem Diktum, man könne
sich nicht elektrisch rasieren, mit der Straßenbahn fahren und zugleich an die
Wunderwelt des Neuen Testaments glauben, traute man Jesus diesbezüglich
wenig zu. Ein existentieller Kern der mythologischen Erzählungen sollte eruiert
und die narrative Verpackung entfernt werden.
Neuere fundamentalistische Bestrebungen, etwa der Pfingstler und der charis-
matischen Bewegung, führten zu einem Revival der »antiken Wunderwelt«,
wie beispielsweise die Schriften des amerikanischen Pastors John Wimber belegen. Was Jesus damals konnte, das kann er auch heute, lautet die einfache Botschaft. Unsere Jugendlichen bringen so etwas u.a. vom Kirchentag mit in die
Gemeinden und stellen die alte Frage ganz neu: Hat Jesus Wunder getan? Und
wenn ja, warum geschehen diese Wunder heute nicht mehr, wo wir doch ständig die Präsenz des Auferstandenen predigen?
Psychologische Bibelauslegung findet derzeit einen ganz eigenen Zugang zu
den biblischen Wundern. Sie versteht die Erzählungen als narrative Präsentation innerer Wahrheiten. Jesus bringt nichts, was wir nicht schon in uns hätten,
betonte *Drewermann* einmal in einem Fernsehinterview. Exegese und Psychologie in sehr konstruktiver Weise verbinden die Arbeiten von *H. Jaschke* und *M.
Nüchtern*.

Die neue Esoterikwelle besorgt dann den Rest. Plötzlich glauben die aufgeklärten Straßenbahnbenutzer doch wieder an Irrationales und Übernatürliches. So einfach ist das mit dem dreidimensionalen Weltbild eben doch nicht!

Die Wundererzählungen sind Antizipationen des Reiches Gottes in Wort und Tat Jesu, betont *R. Schmücker* in ZNW 84 (1993), 1-26. Hier leuchten die Kräfte der Gottesherrschaft blitzartig auf. Daher werden Menschen heil, in jeglicher Hinsicht. So wird in der neueren Exegese die historische Wundertätigkeit Jesu wieder herausgestellt: Das Auftreten Jesu ist »*ein Kristallisationspunkt* für das Einbrechen des Handelns Gottes *mit offener Aura* ... Das also ist es, was sich um Jesus ereignet. *Gott greift ein.* ... Es gab Heilungen und Exorzismen« (*M. Karrer*, Jesus Christus, 249f).

2. Zur Didaktik

Didaktisch geht es m.E. zunächst um den Spannungsbogen antikes versus modernes Weltbild sowie um die Frage, wie sich ein grundsätzliches Bekenntnis zur Allmacht Gottes – bei Gott sind alle Dinge möglich (Mt 19,26) – zur gegenwärtigen Erkenntnis der Naturgesetzlichkeit verhält. Jedenfalls sind das die Fragen, mit denen uns Jugendliche konfrontieren. Die tieferen Sinnebenen der Wundererzählungen, metaphorische Aussagen über Gott, narrativ verschlüsselte Existenzaussagen, psychologische Wahrheiten etc. sind mit jungen Bibellesern allererst zu erschließen. Die Vorbereitung dieses Gottesdienstes bietet eine gute Möglichkeit, diverse Auslegungsmodelle von Wundererzählungen vorzustellen.

Vielleicht so:
– historische Ebene: Hat Jesus Wunder getan? Wie sah der antike Wunderglaube aus? Gute Informationen bietet hierzu *H.-J. Klauck,* Die religiöse Umwelt des Urchristentums I, Stuttgart 1995.
– redaktionelle Ebene: Was besagt die Geschichte auf der Ebene des Textes? Liegen möglicherweise metaphorische oder typologische Bezüge jenseits des »Historischen« vor? Vgl. etwa die übertragene Bedeutung des Sehendwerdens im Markuskommentar von *B. van Iersel.*
– psychologische Ebene: Welche anthropologischen Wahrheiten verklausuliert die Erzählung? Worin besteht der »Durchblick«, den der Geheilte bekommt? Was fällt ihm »wie Schuppen von den Augen«? Hier wären die Arbeiten von *Jaschke* und *Nüchtern* zu konsultieren.
– die spirituelle Ebene: Welche Aussagen macht der Text über das Handeln Gottes heute? Was erwarten wir eigentlich von Ihm, wenn wir im Gottesdienst »Herr, erbarme dich« singen? In dieser Hinsicht wäre die Geschichte sogar geeignet, ein wenig Licht in die geistliche Funktion liturgischer Stücke zu bringen, die bedauerlicherweise auch manchen langjährigen Gottes-

dienstbesuchern ein Buch mit sieben Siegeln bleibt. Immer noch instruktiv ist: *Chr. Albrecht,* Einführung in die Liturgik, Göttingen 1983.

– die aktuelle Ebene: In welchem Verhältnis steht die Wundererzählung zu gegenwärtigen Wunderberichten? Man beachte, dass die regelmäßige Persiflage über Geistheiler in der Fernsehsendung »Die Wochenshow« allsamstäglich Millionen Jugendliche erreicht. Jedenfalls ist diese Sendung derzeit der letzte Eindruck, den unsere Konfirmanden mit in die Nachtruhe nehmen, bevor sie am nächsten Morgen den Gottesdienst aufsuchen. Geistheiler sind, so die Comedysendung, Spinner. Was heißt das für Jesus, dem Jugendliche an diesem Morgen als »Geistheiler« begegnen?

3. Praktische Tipps zur Durchführung

3.1 Der letzte Hinweis war bereits der erste praktische Tipp. Wer sonntags Jugendliche erreichen will, der sollte sich samstags die Wochenshow nicht entgehen lassen.

3.2 Die Jugendlichen könnten einmal Wunderberichte aus ihren Medien zusammentragen. Wer hat was wann von wem gehört und was ist dran?

3.3 Wir könnten den katholischen Pfarrer einladen und über seine Erfahrungen mit der Krankensalbung sprechen. Manche berichten Erstaunliches!

3.4 Ein/e ortsansässige/r Psychotherapeutin könnte gebeten werden, ihre/seine Sichtweise einer Heilungsgeschichte vorzustellen. Das wäre viel besser, als aus irgendwelchen Büchern zu referieren.

3.5 Die Bartimäusgeschichte assoziieren viele mit ihren Kinder- bzw. Schulgottesdiensterinnerungen. Sie wird als Märchen empfunden. Das gilt es zu berücksichtigen.

3.6 Die in der Gemeinde gebräuchliche Liturgie sollte vervielfältigt vorliegen, denn das Kyrie nimmt den Ruf des Bartimäus auf.

3.7 Als Kollektenzweck bietet sich möglicherweise die Christoffel-Blindenmission o.Ä. an. Ein Blindenhilfswerk könnte im Gottesdienst im Rahmen der Abkündigungen vorgestellt werden. Die Kollekte erhält dann einen direkten Bezug zur Verkündigung.

4. Literaturhinweise

Klaus Berger, Wer war Jesus wirklich?, Stuttgart 1995.

Wolfgang J. Bittner, Heilung – Zeichen der Herrschaft Gottes, Neukirchen-Vluyn 1984.

Helmut Jaschke, Der Heiler. Psychotherapie aus dem Neuen Testament, Freiburg-Basel-Wien 1995.

Martin Karrer, Jesus Christus im Neuen Testament, NTD – Erg. 11, Göttingen 1998, 245ff.

Michael Nüchtern, Was heilen kann. Therapeutische Einsichten aus biblischen Geschichten, Göttingen 1994.

Walter Rebell, Alles ist möglich dem, der glaubt. Glaubensvollmacht im frühen Christentum, München 1989.

Gerd Theißen, Urchristliche Wundergeschichten. Ein Beitrag zur formgeschichtlichen Erforschung der synoptischen Evangelien, Gütersloh [6]1990.

PRAISE

Orgelvorspiel

Jugendchor: Halleluja! Gott ist allmächtig (in: Die besondere Note, Nr. 11, 25)

Begrüßung

Lied: Wir haben Gottes Spuren festgestellt (EG 648)

Eingangswort

Psalm 27* (EG 713.1.2):
Der Herr ist mein Licht und mein Heil;
vor wem sollte ich mich fürchten?
Der Herr ist meines Lebens Kraft;
vor wem sollte mir grauen?
Herr, höre meine Stimme, wenn ich rufe;
sei mir gnädig und erhöre mich!
Denn du bist meine Hilfe; verlass mich nicht
und tu die Hand nicht von mir ab, Gott, mein Heil!

Gem.: Ehr sei dem Vater (EG 177)

Gebet:
Ewiger Gott, unser Vater, hilf uns danken für die Fülle des Lebens.
Öffne uns die Augen [!].
Jesus Christus, unser Bruder, hilf uns glauben an die Heilung unseres Lebens,
an die Erlösung aus unserer Schuld durch deine Gegenwart.
Öffne uns die Herzen.
Heiliger Geist, unser Tröster,
hilf uns wirken für die Gemeinschaft aus deiner Kraft,

für die Gerechtigkeit aus deinem Mut,
für den Frieden aus deinem langen Atem.
Wie Bartimäus rufen wir zu dir: Kyrie eleison, Herr, erbarme dich!

Gem.: Herr, erbarme dich (EG 178.11)

Wie Jesus sich der Menschen erbarmt hat, hören wir in der Erzählung von Bartimäus:

Lesung: Markus 10,46-52

Gem.: Halleluja

Lied: Wir strecken uns nach dir (EG 664)

MESSAGE

Szene 1: Blind sein (Vers 46)

a) Geschichte Teil I

Jesus wandert mit drei bis vier Jüngern durch die Kirche. Bartimäus sitzt mit Augenbinde irgendwo im Altarraum. Ein Erzähler rezitiert Mk 10,46 oder gibt den Inhalt in freier Paraphrase wieder. Die Spieler bewegen sich pantomimisch zur Erzählung. Als sie bei Bartimäus ankommen, nehmen sie keine Kenntnis von ihm. Zwei bis drei Leute »vom Volk« werden auf Jesus aufmerksam.

Einige: Hey, schaut! Ist das nicht Jesus, der aus Nazareth? ... Ja, sieht ganz so aus ... Kommt, lasst uns schauen! ... Man hört ja dolle Sachen von dem ... einen Sturm soll er gestillt haben ... und Wasser zu Wein verwandelt ... und ein Arzt soll er sein ... einen Gelähmten hat er geheilt ... sagt man jedenfalls ... und ganz ohne Geld!!!

Die Leute vom Volk eilen zu Jesus. Bartimäus wird immer noch nicht beachtet.

b) Dialog

Zwei Jugendliche treten ans Mikrophon:

A: Schau mal, der Blinde da, den beachtet mal wieder niemand. Is' ja klar, haste nix, dann biste nix. »Von nix kommt nix«, so heißen ja sogar die Radioandachten in Einslive, hör' ich jeden Morgen, sind echt cool.

B: Wieso »...biste nix...?«. Ist doch gar nicht so schlecht, keiner zu sein. Erspart dir viel Stress. Sieh doch, was haben die Jungs da drüben für'n Brassel mit dem Typen aus Nazareth, Geistheiler, oder was der sein will. Mann, wie die drängeln, als wenn es was umsonst gäbe. Jeder hat Angst, was zu verpassen. Nur der Blinde da, der hat seine Ruhe ... nix hören – nix wissen – nix sehen ... meine Eltern haben immer gesagt, das ist das Beste, was du tun kannst ... Was de nich' weiß, macht dich nich' heiß, oder so ähnlich ging der Spruch.

A: Ok. Aber trotzdem, der Typ is' voll draußen. Kriegt nix mit, kann nicht mitreden, hat total keinen Durchblick ...

B: Na und? Aber er wird versorgt. Wenn er sehen könnte, müsste er seine Brötchen selbst verdienen ... is' auch nicht immer so angenehm ... »Sekundären Krankheitsgewinn« nennen das die Psychologen ... hab ich gelesen.

A: Versorgt, versorgt ... 'ne anständige Krankenversicherung gibt's noch lange nicht. Und dann die Frommen. Was hacken die ständig auf dem armen Tropf herum. Strafe Gottes sei seine Blindheit, er habe Sünde in seinem Leben, selbst schuld sei er, dass Gott ihn so schlage. Der wird für seine Krankheit auch noch bestraft – und alles im Namen Gottes ... nee, nicht mit mir!

A wendet sich empört ab. B folgt.

B *(grummelt vor sich hin)*: C'est la vie – so ist eben das Leben.

Kurzpredigt (Stichworte) zur religiösen und sozialen Lage eines Blinden zur Zeit Jesu: Tun-Ergehen-Zusammenhang – Strafe Gottes – soziale Isolation – negative Wirkung der Religion in diesem Punkt.[29]

Jugendchor: Es wird nicht dunkel bleiben (in: in-takt. Songs, Lieder, Spirituals, Turmberg-Verlag 1987, 23)

Szene 2: Erbarme dich! (Vers 47-48)

a) Geschichte Teil II

---

[29]Auf diesem Gebiet informieren sehr gut: W. Bittner, Heilung, aaO., und K. Seybold / U. Müller, Krankheit und Heilung, Stuttgart 1978.

Spieler treten wieder auf. Erzähler paraphrasiert Vers 47a. Szene wird panto-mimisch dargestellt. Die wörtliche Rede des Bartimäus (Vers 47b) spricht bzw. ruft dieser laut selbst:

Bartimäus: Jesus, du Sohn Davids, erbarme dich meiner!

Erzähler paraphrasiert Vers 48a. Szene wird pantomimisch dargestellt bis zur wörtlichen Rede des Bartimäus:

Bartimäus: Du Sohn Davids, erbarme dich meiner!

b) Dialog

Die beiden Jugendlichen treten wieder ans Mikrophon.

A: Der ruft ja wie die Römer zu ihren Feldherren, wenn sie siegreich aus der Schlacht zurückkehren. »Kyrie eleison – Herr, erbarme dich.« Spricht der den Jesus etwa als Feldherrn an? Welche Schlacht soll der denn schlagen?

B: Der ist ja unverschämt. Als wenn Gott sich auf jeden einlassen würde. Der kann sich ja schließlich nicht um alles kümmern, zumal die Blindheit doch sei-ne eigene Strafe ist. Soll Gott sie etwa heilen oder was?

A: Hör mal, haben wir das nicht eben in unserer Liturgie auch gesungen, »Herr, erbarme dich«?

B: Na klar, das stammt doch aus dieser biblischen Geschichte – nur, dass wir heute nichts mehr von Jesus erwarten. Schau dir doch die Leute hier an *(zeigt in die Gemeinde)*! Glaubst du, die verbinden diesen Gottesdienst mit irgendei-ner Erwartung an Gott – in unserer Zeit?

A: Ich weiß nicht. Fragen wir sie!

A nimmt das Mikrophon, geht in die erste Reihe und interviewt einige Gemein-deglieder (kann spontan erfolgen oder abgesprochen):

A: Was erwarten Sie von Gott, wenn Sie »Herr, erbarme dich« singen?

Einige Antworten werden gesammelt.

Kurzpredigt (Stichworte) über die Herkunft und den Sinn des liturgischen Kyrie.

– Was für Erwartungen verbinden wir mit unserem liturgischen Gebet? – Kann Gott heute auch noch handeln?[30]

Jugendchor: Kyrie eleison (Kanon) (in: Lieder für Kirchentage, 1987, Nr. 58)
oder:
Herr, du mein Gott (Klagelied) (in: Du bist Herr. Anbetungslieder 3, Nr. 94)

Szene 3: Jesus – was tut er? (Vers 49-52)

a) Geschichte Teil III

Erzählung und Pantomime werden zu Ende geführt. Die Heilung wird theatralisch dargestellt.

b) Dialog

A: Ach nee, den heilt er. Und die anderen? Das ist unfair! Warum heilt er heute nicht?

B: Jesus erfüllt hier, was der Prophet Jesaja angekündigt hat. Kennst du Kapitel 35? Lies das mal, dann weißte Bescheid.

A: Wie soll ich das lesen? Habe keine Bibel dabei. Und hier im Gottesdienst hat bestimmt auch niemand eine Bibel, wetten? Ich geh mal fragen – (halblaut) als wenn in der Kirche einer 'ne Bibel hätte...

A geht in die Reihen und fragt nach einer Bibel. Natürlich hat niemand eine Bibel in der Hand. Zwischendurch »meckert« A halblaut:

A: Typisch, zur Kirche gehen ohne Bibel ... ich sag's ja, keiner glaubt, was er hier tut ...

B geht zum Abendmahlstisch, blättert in der aufgeschlagenen Bibel.

B (zu A): Hey, komm mal her, hier liegt eine!

A kommt zu B und liest laut Jesaja 35,4f (das Wort von der Rache führt zu einem anderen Aspekt und könnte ausgespart werden).

---

[30]Gute Hinweise finden sich in Chr. Albrecht, Einführung, aaO., F. Kalb, Grundriss der Liturgik, und W. Rebell, Alles ist möglich.

A: Und das erfüllt sich jetzt?

Kurzpredigt (Stichworte) über den Zusammenhang zwischen der Verheißung Jesajas und ihrer christologischen Erfüllung in Markus 10. – In Jesus bricht das Reich Gottes antizipatorisch an – vgl. Lukas 11,20 und 17,20f.[31] – Wo Menschen an Jesus glauben, erhalten sie »Durchblick in Sachen Gott«. – Wo Menschen »Durchblick in Sachen Gott« erhalten, finden sie neuen Sinn und Orientierung für ihr Leben. – Es fällt uns »wie Schuppen von den Augen«, dass Er da ist, dass Er uns liebt, dass Er eine Verheißung für uns hat, dass Er eines Tages auf uns wartet, dass die Heilung dieser Welt Sein letzter Wille ist ...

Jugendchor: Du gabst dem Blinden das Augenlicht (T: Johannes Jourdan, M: Florian Sitzmann, aus: »Singt das Lied der Lieder«, Bd. 3, © Hänssler Verlag, D-71087 Holzgerlingen)

---

[31]Exegetische Hinweise bei B. van Iersel, Markuskommentar, 167-175, und P. Müller, Wer ist dieser? Jesus im Markusevangelium, 1995, 111ff. Anregende Auslegungen sind: R.O. Wiemer, Er schrieb auf die Erde, 1979, 60ff; B. Mersch, A. Mück, H. Preussner, Markus-Predigten, 1984, 99ff; G. Schnath in: Zeichen und Wunder, hg. v. H. Nitschke, 1985, 28ff, sowie die Überlegungen zu Joh 9 von H. Jaschke, Der Heiler, 1995, 94ff.

-gen-licht. Öff-ne du— auch mir die Au-gen, Herr, ich las-se dich nicht.

Du gabst dem Blin-den das Au - gen-licht. Öff-ne du— auch mir die Au-gen,

nach 3. Strophe

Herr, ich las-se dich nicht.— 2. Ich bet-tel-te um Licht, daß ich dich, Herr, er-ken-ne;

Tenor

Tenor + Baß

und mich in dei - nem Licht dann ganz vom Dun-kel tren-ne. Dein Wort hat mich be-rührt und

mir den Weg— ge-wie-sen, der in die Wahr-heit führt. D. S. % al

4. Ich dan-ke dir, mein Gott, und rüh-me dei-nen Na-men, als ei-ner aus der Schar,—

157

CREDO (EG 815)

BLESSING

Kollektenansage

Lied: Gehet hin zu allen Enden (EG 668)

Fürbittengebet:
Herr Jesus Christus,
öffne uns die Augen, dass wir dich erkennen.
Gib uns Beweglichkeit, dass wir auf dich und auf einander zugehen.
Gib uns Hände, die schenken können.
Gib uns Herzen, die anderen wohl tun.

Wir rufen zu dir: Herr, erbarme dich.

Herr Jesus Christus,
lass uns etwas spüren von deiner Zuwendung zu uns, und lass andere etwas spüren von deiner Zuwendung zu ihnen, durch uns, auch in unserer Gemeinde.

Wir rufen zu dir: Herr, erbarme dich.

Gott, wir sind jung.
Wir suchen uns.
Wir suchen das Leben.
Und wir suchen dich.
Wir suchen den Durchblick, den Durchblick zu dir hin.
Zeige uns wahre Worte.
Schenk uns offene Augen.
Zeige uns Wege zum Frieden und überwinde Gewalt mit Liebe.
Zeige uns Freude, die Angst vertreibt.
Zeige Jugendlichen eine Zukunft in einer menschenwürdigen Welt.
Zeige uns, wo Platz ist für Leidende und Kranke. Hilf ihnen aufatmen.
Lass uns dazu beitragen, eine Welt zu prägen,
in der du der Herr bist und wir dir folgen.

Wir rufen zu dir: Herr, erbarme dich.

Oder:
Gebete aus: D. Rost, J. Machalke, Vieles müsste anders sein. Gebete für junge Menschen, 28 und 48

Evtl. aktuelle Fürbitten einfügen

Vaterunser

Lied: Herr, du hast mich angerührt (EG 383)

Segen

Orgelnachspiel

Orgelvorspiel

Jugendchor: *Halleluja! Gott ist allmächtig*

Begrüßung

Lied: Wir haben Gottes Spuren festgestellt (EG 648)

Eingangswort

Psalm 27* (EG 713.1.2)
  Ehr sei dem Vater
Gebet
  Herr, erbarme dich (EG 178.11)
Lesung: Markus 10,46-52
  Halleluja

Lied: Wir strecken uns nach dir (EG 664)

PRÄSENTATION:
1. Blind sein
   Kurzpredigt
   Jugendchor: *Es wird nicht dunkel bleiben*
2. Erbarme dich!
   Kurzpredigt
   Jugendchor: *Kyrie eleison*
3. Jesus – was tut er?
   Kurzpredigt
   Jugendchor: *Du gabst dem Blinden das Augenlicht*

CREDO (EG 815)

Kollektenansage

Lied: Gehet hin zu allen Enden (EG 668)

Fürbitten

Vaterunser

Lied: Herr, du hast mich angerührt (EG 383)

Segen

Orgelnachspiel

KIRCHE 2020...

WIRD ES SIE NOCH GEBEN

1. Zur Theologie

Was ist die Kirche? Was gilt in der Kirche? Wer erhält die Kirche? Worin besteht ihr Wesen? EKD-Studien und Umfragen zu diesem Thema gibt es viele, das Lehrstück »Ekklesiologie« ist konstitutiver Bestandteil der Dogmatik. Presbyterien und Synoden sind mit nichts anderem beschäftigt als mit dem Funktionieren und dem Erhalt der Kirche. Aber gibt es auf die genannten Fragen Antworten, die uneingeschränkt konsensfähig sind? Die Kirche ist »Christus als Gemeinde existierend«, hat Bonhoeffer einmal geschrieben. Sie ist eben nicht nur ein Non-profit-Unternehmen zur Erfüllung sozialer Aufgaben. Das ist sie auch. In ihrem Wesen ist sie die Präsenz des Auferstehungsleibes Christi in dieser Welt, durch den die »Missio Dei« die Welt erreicht, wie Moltmann es ausdrücken würde. Wir müssen also sagen: Die Kirchensteuer kann morgen versiegen, die Missio Dei bleibt. Bleibt die Kirche bei Christus, wird sie selber bleiben. Dient sie anderen Herren, ist sie nicht mehr Gottes Sache. Diese Erkenntnis soll das geistliche Ziel des Gottesdienstes sein.

2. Zur Didaktik

Es mag unattraktiv anmuten, das Thema Kirche einem Jugendgottesdienst zu Grunde zu legen. Wer interessiert sich schon für die Organisation? Aber könnte das mangelnde Interesse nicht auch darin begründet sein, dass viele kaum etwas darüber wissen, wie das Ganze funktioniert und was wir so alles machen mit den Kirchensteuern der Eltern? Dieser Gottesdienst soll keinem Interesse entgegenkommen, sondern Interesse wecken. Im Vorfeld wurden Grundinformationen über unser Kirchensystem in der Gruppe erarbeitet (Volkskirche, Kirchensteuersystem), einschlägige biblische Texte studiert (Mt 16; 1. Kor 12; 1. Kor 3,9-11; Ps 127,1 u.a.) und praktische Vorschläge Jugendlicher zur Erhöhung der kirchlichen Attraktivität ausgelotet. Diese Gesichtspunkte werden von Jugendlichen in den Gottesdienst eingebracht, diesmal so, dass sich die Gesamtanlage als angereicherte Predigt darstellt, die einen Spannungsbogen vom Organisatorischen zum Christologischen schlägt. Praktisches Ziel ist die Installation eines Arbeitskreises »Wir peppen unsere Gemeinde auf«, der pragmatische Verbesserungen z.B. des Gottesdienstes erarbeiten soll.

3. Praktische Tipps zur Durchführung

3.1 Im Vorfeld eine Fragebogenaktion über den Gemeindebrief durchführen: »Was würden Sie / würdet ihr in unserer Gemeinde ändern?« Die Antworten in der Gruppe auswerten.
3.2 Konfirmandeninterview auf dem Marktplatz zur selben Frage durchführen und auswerten.
3.3 Nach dem Gottesdienst die Gemeinde zu einer Diskussionsrunde mit Jugendlichen einladen.

4. Requisiten

Italienische Flagge, Plakate, Filzer, tragbarer CD-Player, Videobeamer, Leinwand, großer Wecker, Genesis-CD oder -Video mit »Jesus he knows me« (auf: We can't dance), Video mit Ausschnitten aus »Sister Act«.

5. Literatur- und Medienhinweise

Ulrich Kühn, Kirche, HST 10, Gütersloh 1980.
Hans Küng, Die Kirche, München ³1985.
Walter Kreck, Grundfragen der Ekklesiologie, München 1981.
Jürgen Moltmann, Kirche in der Kraft des Geistes. Ein Beitrag zur messianischen Ekklesiologie, München 1975.
Was gilt in der Kirche? Die Verantwortung für Verkündigung und verbindliche Lehre in der Evangelischen Kirche. Ein Votum des Theologischen Ausschusses der Arnoldshainer Konferenz, Neukirchen-Vluyn 1985.
... richtig informiert! Geschichte & Zahlen & Trends. Faltblatt der EKiR, Ausgabe 1995 (erhältlich beim LKA Düsseldorf).
Kirche mit Zukunft, hg. von der EKvW, Bielefeld 2000.
Ermutigung zur Mission. Informationen, Anregungen, Beispiele. Ein Lesebuch zum Schwerpunktthema der EKD-Synode 1999.

6. Internetseiten

www.ekd.de
www.KircheAnsNetz.de
www.Kirchenboerse.de
www.dbk.de

PRAISE

Orgelvorspiel

Begrüßung

Lied: Morgenlicht leuchtet (EG 455)

Eingangswort

Psalm 92* (EG 740):
Das ist ein köstlich Ding, dem Herrn danken
und lobsingen deinem Namen, du Höchster,
des Morgens deine Gnade
und des Nachts deine Wahrheit verkündigen.
Denn, Herr, du lässest mich fröhlich singen von deinen Werken,
und ich rühme die Taten deiner Hände.
Du, Herr, bist der Höchste
und bleibest ewiglich.
Der Gerechte wird grünen wie ein Palmbaum,
er wird wachsen wie eine Zeder auf dem Libanon.
Die gepflanzt sind im Hause des Herrn,
werden in den Vorhöfen unseres Gottes grünen.
Und wenn sie auch alt werden,
werden sie dennoch blühen, fruchtbar und frisch sein,
dass sie verkündigen, wie der Herr es recht macht;
er ist mein Fels, und kein Unrecht ist an ihm.

Gem.: Ehr sei dem Vater (EG 177)

Gebet:
Alle: Großer, guter Gott!

Gruppe 1: Du lädst uns ein.
Gruppe 2: Wir sind deine Gäste.
Gruppe 1: Du gibst uns Schutz.
Gruppe 2: Wir sind geborgen.
Alle: An deinem Tisch.

Gruppe 1: Du bist unser Vater.
Gruppe 2: Wir sind deine Familie.
Gruppe 1: Du gibst uns Brot.
Gruppe 2: Wir werden satt.
Alle: An deinem Tisch.

Gruppe 1: Du bist der Herr.
Gruppe 2: Wir sind deine Gemeinde.
Gruppe 1: Du gibst uns Freude.
Gruppe 2: Wir sagen Dank.
Alle: An deinem Tisch.

Gruppe 1: Du sagst uns dein Wort.
Gruppe 2: Wir sind deine Boten.
Gruppe 1: Du gibst uns Kraft.
Alle: Wir rufen alle an deinen Tisch.

Gem.: Amen

(aus: Klaus Burba [Hg.], Ich möchte beten – aber wie? Nr. 148)

Jugendchor: Ein Morgen leuchtet hell ins Land (J. Zink / H.-J. Hufeisen, in: Gottesklang Nr. 2)
oder:
Herr, was wird morgen sein? (H. Birkelbach, in: Songs junger Christen 2, Nr. 110)

Lesung: Mt 16,13-18

Gem.: Halleluja

Lied: Jesus hat seine Herrschaft bestellt (EG 610)

MESSAGE

Pfarrer/in: Viele halten unsere Kirche für ein Auslaufmodell. Die große Menge kommt nicht mehr, immer weniger glauben an Gott, die Formen sind veraltet und die Talare sind muffig, wie es mal einer ausgedrückt hat. Die einen machen sich große Sorgen um den Bestand der Volkskirche, die anderen sind blauäugig und meinen, Gott wird's schon richten … Klar, das glaube ich auch, dass ER's schon richtet, aber das darf uns nicht zur Nachlässigkeit verleiten. Wusstet ihr, dass Nordafrika mal christlich war? Innerhalb weniger Jahre war die Kirche fast ausgerottet, durch die Araberstürme. Mitteleuropa war auch mal christlich, aber momentan ziehen Entgeistlichungsstürme über unser Land. Geld ist alles, Gott ist nichts. Sei's drum, Jesus hat gesagt, die Pforten der Hölle werden seine Kirche nicht überwinden (Mt 16,18). Aber schauen wir uns doch unsere Kirche mal ein wenig genauer an:

1. Der »Ist-Zustand« unserer Kirche

Zwei Jugendliche kommen nach vorn und erläutern Grundzüge unserer Kirche.

A: Unsere Kirche ist eine *Volks-Kirche*. Das heißt, sie arbeitet mit dem Staat eng zusammen, besonders im Bereich der Sozialarbeit. Die evangelische Kirche unterhält Kindergärten, Altenheime, Jugendheime, Schulen und auch Krankenhäuser. Dieses System nennt man *Subsidiaritätsprinzip*.

A hängt ein Plakat mit diesem Begriff auf.

B: Unsere Kirche ist eine *Körperschaft öffentlichen Rechts*. Daher hat sie das Recht, ihre Mitgliedsbeiträge über die Finanzämter einzuziehen. Zurzeit beträgt der Kirchensteuersatz 9% der Lohn- bzw. Einkommensteuer. Die Steuerreform wird die Lohnsteuern senken. Dadurch gehen der Kirche Millionen verloren. Wenn man bedenkt, dass allein die Ev. Kirche im Rheinland ca. 66000 Menschen unter Vertrag hat: Pfarrer und Pfarrerinnen, Küster und Küsterinnen, Musiker, Krankenschwestern, Erzieherinnen, Sozialpädagogen, Verwaltungsfachkräfte u.v.m., könnte es auch in der Kirche bald zu großen Entlassungen kommen, wie es in Brandenburg schon lange der Fall ist. Die Kirchenaustritte lähmen die kirchliche Arbeit ebenfalls.

B hängt ein Plakat mit dem Begriff »Körperschaft öffentlichen Rechts« auf.

A: Unsere Kirche ist eine Kirche der Kindertaufe. Dadurch erfolgt der Kircheneintritt nicht aufgrund persönlicher Glaubensüberzeugung, sondern aufgrund einer elterlichen Entscheidung. Die Taufe verpflichtet die Eltern zu einer christlichen und kirchlichen Erziehung, die aber in vielen Fällen kaum oder nur schwach durchgeführt wird. So werden wir langsam aber sicher zu einer Volkskirche ohne Kirchenvolk.

A hängt ein Plakat mit dem Begriff »Kindertaufe« auf.

Pfarrer/in: Im alten Israel waren Glaubensgemeinschaft und Gesellschaft identisch. Daher nennt man Israel das »Volk Gottes«. Kaiser Konstantin wollte so etwas in Europa auch erreichen, daher hat er das Christentum zur Staats- bzw. Reichsreligion erklärt. Heute müssen wir uns darauf einstellen, dass sich Religionsgemeinschaft und bürgerliche Gesellschaft wieder trennen. Das nennt man *Säkularisierung.*

Jugendchor: Solidarität (T: Johannes Jourdan, M: Dieter Falk, aus: »Singt das Lied der Lieder«, Bd. 1, © Hänssler Verlag, D-71087 Holzgerlingen)

Es ist noch nicht zu spät.____ Wenn man

friert, rückt man zu - sam - men und der A - tem weckt die Flam - men ___

in der So - li - da - ri - tät.____ 3. Die-ser Na - me

Je - sus weckt Ak - ti - vi - tät.___ Nur er schafft ech - te So - li - da - ri - tät. Uns - re

in der So - li - da - ri - tät, _____ So - li - da - ri - tät.

2. Die Alternativen

Pfarrer/in: In einigen europäischen Staaten hat man sich daher bereits mit Überlegungen befasst, wie das Verhältnis Staat-Kirche künftig aussehen könnte.

Dritte/r Jugendliche/r kommt mit einer italienischen Flagge und berichtet:

C: In Italien und Spanien beispielsweise zieht der Staat 8% des Bruttoeinkommens als *Sozialsteuer* ein. Der Steuerzahler kann dann entscheiden, welchem Träger er dieses Geld zukommen lassen will: Kirche, Staat, Rotes Kreuz und ähnliche karitative Einrichtungen werden auf diese Weise finanziert. Der Vorteil eines solchen Systems ist ein doppelter:

A: *Alle Steuerzahler* teilen sich die Gesamtlasten[32] der sozialen Einrichtungen eines Staates. In Deutschland dagegen zahlen zurzeit die Kirchensteuerzahler den Trägeranteil kirchlicher Kindergartenplätze für die Ausgetretenen mit.

B: *Kirchenaustritt* käme nur noch aus Glaubensgründen und nicht länger aus finanziellen Erwägungen in Betracht, denn wer austritt, der muss weiterhin 8% Sozialsteuer zahlen, nur an einen anderen Träger.

B hängt einen Vordruck der Steuererklärung an eine Stellwand und heftet Symbole anderer karitativer Träger daneben (Rotes Kreuz, Kronenkreuz der Diakonie, Logo der Caritas etc.).
Zwei Presbyter/innen treten auf und diskutieren dieses Modell.

P1: Klasse, höchstmögliche Verwirklichung von Solidarität. Das wäre ja fast wie in der Apostelgeschichte: Kapitel 2, weißt du? Ich meine die Stelle, wo es heißt: »...und sie hatten alles gemeinsam.«

P2: Hm, ja schon, aber ... das würde ja bedeuten, aus der Kirchensteuer würde eine staatliche Steuer ... Gefährlich ... gefährlich ... Dann hängen wir am Tropf, und je nach politischem Wind ...?

Presbyter/innen ab.

C: Ganz anders sieht es in den USA aus. Hier sind die Kirchen *privatrechtlich* organisiert, als eingetragener Verein. Jede Gemeinde muss sehen, dass sie Mitglieder gewinnt, wenn sie überleben will. Der Mitgliedsbeitrag liegt in der Regel

---

[32]Vgl. Apg 2,44.

bei 10 % vom Bruttomonatslohn. Vorteil: Die Gemeinden werden missionarisch aktiv. Sie erkunden die Fragen der Menschen und gehen in der Form der Verkündigung *mit der Zeit*. Manche Gemeinden dort haben bis zu 20.000 Mitglieder, die auch sonntags fast alle immer da sind. Nachteil: Einzelne wenige Reiche bestimmen den Kurs der Gemeinde und die missionarischen Aktivitäten treiben gelegentlich seltsame Blüten. Kennt ihr noch das Video von Genesis »Jesus he knows me«?

C spielt mit einem Videobeamer einen Ausschnitt dieses Videos ein. Es zeigt die Großverdienermentalität gewisser US-Evangelisten. Sollte das Video nicht zur Hand sein, wird der Song über CD eingespielt und der Text übersetzt mit einem Tageslichtprojektor gezeigt.

Pfarrer/in: Tja, was tun? Welcher dieser alternativen Wege ist der richtige? Oder müssen wir einen eigenen Weg für unsere Kultur finden? Wahrscheinlich. Aber wie könnte der aussehen? In der Vorbereitungsgruppe haben wir darüber diskutiert, welche Lösungen Jugendliche sich vorstellen könnten. Dabei traten im Wesentlichen drei Gesichtspunkte zutage.

3. Unsere Wünsche

a) Gottesdienstzeit

A kommt mit einem großen Wecker und stellt ihn auf den Abendmahlstisch.

A: Wisst ihr, was viele vom Gottesdienstbesuch abhält? Das frühe Aufstehen am Sonntag. Jeden Tag müssen wir um halb sieben raus, wegen der Schule. Mein Vater muss um sechs raus, wegen der Arbeit. Und samstags sind Feten und so was. Wenn dann am Sonntag schon wieder das Ding hier (zeigt auf den Wecker) klingelt, dann geht mir das echt auf den Wecker...

B stellt sich dazu.

B: Ja genau, in der Gemeinde XY gibt es Gottesdienste, die fangen erst um elf an. Und Jugendgottesdienste sind am Sonntagabend, um achtzehn Uhr, mit anschließender Fete. Da gehen mehr Leute hin.

Beide ab.

b) Musik

C tritt auf und stellt einen tragbaren CD-Player auf den Abendmahlstisch. Es läuft coole Sacropopmusik. B dreht leiser.

C: ... und dann die Musik! Ey, hier im Gesangbuch, da wären jetzt auch moderne Lieder drin, hat meine Mutter gesagt. Ich sage: »Gib mal her« – und was finde ich? »Danke für diesen guten Morgen« von 1963 ... voll Asbach ey ... dafür sollen wir kommen? Hier, schaut euch *das* mal an:

Mit einem Videobeamer wird ein kurzer Ausschnitt aus Whoopi Goldbergs »Sister Act« gezeigt.

C: Das geht ab, was?

C tritt ab.

c) Mitspracherecht

D und E kommen mit einem großen Transparent. Darauf steht:
JUGEND FÜR CHRISTUS

D: Die Kirche der Zukunft müsste mehr danach fragen, wie das Evangelium der nächsten Generation vermittelt werden kann. Kinder und Jugendliche müssen erreicht und für Gott begeistert werden. Erfolgreiche Firmen fragen erst ihre Kunden, ehe sie große Entscheidungen fällen. Wir wünschen uns mehr Mitspracherecht, auch in kirchlichen Gremien ... Jugendvertreter im Presbyterium zum Beispiel ... und Presbyterwahlrecht ab der Konfirmation ...

E: ... und im Jugendkeller wollen wir ein Internetcafé ...

Beide ab.

Kurzpredigt (Stichworte): Schon in Psalm 98 werden wir aufgefordert, dem Herrn ein neues Lied zu singen – da hat die Jugend einfach Recht. – Was die Mitsprache angeht, sagt Paulus ja einiges in 1. Korinther 12: Jedes, ich betone, jedes Glied am Leibe Christi hat seinen Beitrag zu leisten, auch die Jugend. – Und das frühe Aufstehen, na ja, in der Bibel wurde ursprünglich der Gottesdienst auch abends gefeiert, bis in die Nacht hinein, wie Apg 20 zeigt. Vielleicht sollten wir da mal drüber reden ... Wisst ihr was, wir gründen gleich im Anschluss einen Aktionskreis »Wir peppen unsere Kirche auf«. Macht ihr mit ...?

So haben wir beim Geld begonnen und sind bei Gestaltungs- und Organisationsfragen gelandet. Alles ist wichtig, aber ob diese Dinge die Kirche retten werden? Eins hat nämlich bisher gefehlt:

Pfarrer/in holt ein Kreuz heraus und stellt es neben die anderen Dinge. Es schließt sich eine Predigt über 1. Korinther 3,9-11 oder über Psalm 127,1 an: Die Kirche wird bestehen, wenn sie ihre Prioritäten richtig setzt – Jesus Christus zu verkündigen (vgl. Phil 1,18) – und wenn jede/r seine/ihre Mitverantwortung erkennt und wahrnimmt.
[Eine schöne Geschichte zur Rettung der Kirche bietet H. Schäfer: Ein englischer Pfarrer, der seit Wochen vor leeren Bänken predigt, gibt bekannt, am kommenden Sonntag seine Kirche zu beerdigen, und lädt zu dieser »Beerdigung« die ganze Gemeinde ein. Alle kommen. Vorne in der Kirche steht ein Sarg. Am Ende des Gottesdienstes fordert er alle auf, am Sarg vorbeizuschreiten, hineinzuschauen, sich von der Kirche zu verabschieden und sie dann zu verlassen. Jeder aber, der noch eine Hoffnung auf Wiederbelebung habe, solle durch den Hintereingang wieder hereinkommen. Als die Gemeindeglieder in den Sarg schauten, da sahen sie – in einen Spiegel. Und so wurde die Kirche gerettet. (H. Schäfer, Hört ein Gleichnis, Stuttgart, [4]1982, Nr. 388)]

Komme zu uns als Erneurer (S. Monteiro / R. Renner, in: Tausend mal tausend Lieder dir zum Lob, 49)
oder:
Lied: Wach auf, du Geist der ersten Zeugen (EG 241,1-4)
oder:
Lied (einstimmig): Herr, erwecke deine Kirche (in: Mein Kanonbuch, Nr. 182)
oder:
Jugendchor: Wo der Herr nicht das Haus baut (B. Müller, in: Du bist Herr, Bd. III, Nr. 239)

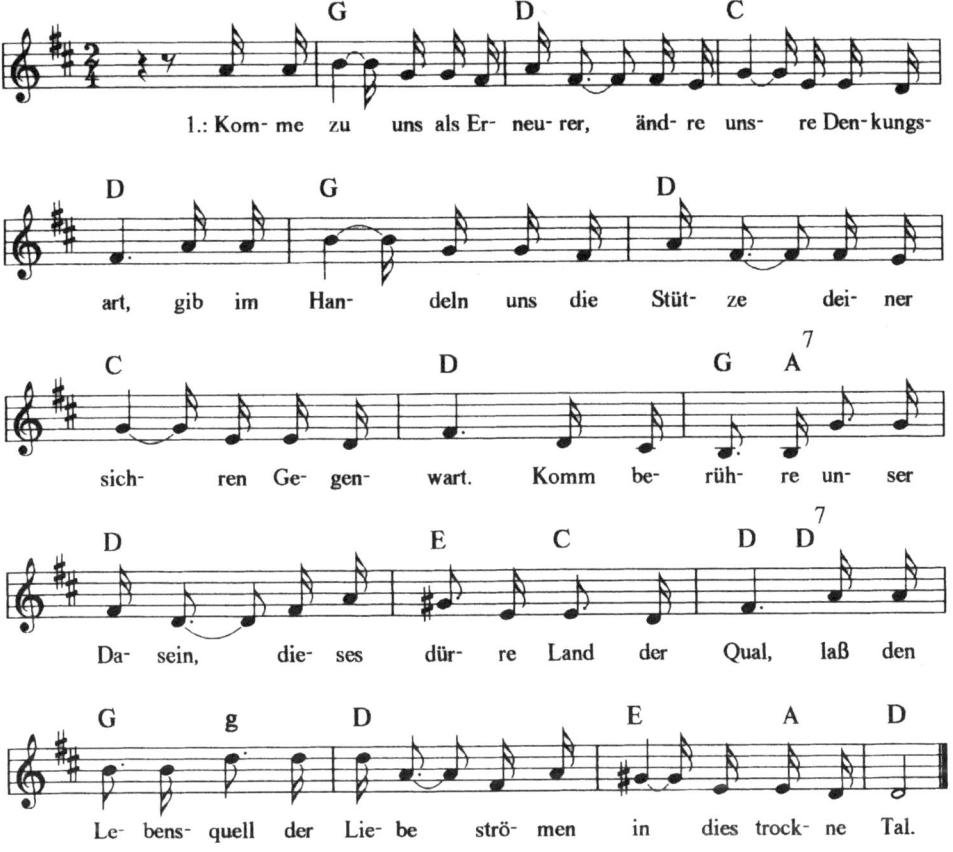

1.: Kom- me zu uns als Er- neu- rer, änd- re uns- re Den- kungs-
art, gib im Han- deln uns die Stüt- ze dei- ner
sich- ren Ge- gen- wart. Komm be- rüh- re un- ser
Da- sein, die- ses dür- re Land der Qual, laß den
Le- bens- quell der Lie- be strö- men in dies trock- ne Tal.

2. Komme zu uns als Beschützer, der zu unserm Wohle wacht,
der erklingt in unsren Klagen, unsre Stimme brennen macht.
Sei der Ruf, der Nahrung spendet und das Herz zum Glühen bringt,
bis die unheilvolle Fessel unsrer Schuld zuletzt zerspringt.

3. Komm zu uns als Gabe Gottes und bewahre uns vor Leid.
Brems die Antriebskraft des Bösen, gib uns Kraft zur Menschlichkeit.
Wandle alle Wahnsinnspläne, neue Ziele laß uns sehn.
Komm, durchströme unser Leben neu mit Hoffnung und Verstehn!

CREDO

BLESSING

Kollektenansage (für ein missionarisches Projekt)

Lied: Strahlen brechen viele aus einem Licht (EG 268)

Gebet:
Anderes Gebet für eine andere Kirche

Umgeben von Tuch- und Wachsgeruch
surren leer gedrehte
Gebetsmühlen
sanft
wie in einem alten Schwarzweißfilm
zur Totenstille
der erstarrten Kirche.
Sie haben sich noch einmal fein gemacht,
aber sie sehen leblos aus.

Die Kirchturmuhr schlägt ihre letzte Stunde.

Was ihnen fehlt:
ihr holzgeschnitzter
Gott,
der am Kreuz hängt,
festgenagelt,
der ja und niemals nein sagt
und keinen Ärger macht.
Sie wundern sich,
wer ihm wohl die Nägel aus den Händen gezogen hat.

Drinnen
ruft der Pfarrer dazu auf,
für einen neuen holzgeschnitzten
Gott
zu spenden.

Draußen
hockt weinend
ihr alter
Gott

174

zusammen mit Ezechiel,
und gemeinsam beten sie für eine andere Kirche.

Gott,
irgendwie kann ich verstehen,
dass du dich aus dem Staub gemacht hast.
Aber ich hoffe so sehr,
dass du morgen
im Licht eines neuen Tages
ein Wunder wagst.
(aus: W. Abendschön, Un-erhörte Gebete, Gütersloh 1999, 72f)

Oder:

Zu sagen, man müsste was sagen, ist gut,
man müsste
man müsste was sagen.
Abwägen ist gut, es wagen ist besser,
doch wer macht den Mund schon auf?

Zu sagen, man müsste was machen, ist gut,
man müsste
man müsste was machen.
Gerührtsein ist gut, sich rühren ist besser,
doch wo ist die Hand, die was tut?

Zu sagen, man müsste was geben, ist gut,
man müsste
man müsste was geben.
Begabtsein ist gut, doch geben ist besser,
doch wo gibt es den, der was gibt?

Zu sagen, man müsste was ändern, ist gut,
man müsste
man müsste was ändern.
Sich ärgern ist gut, verändern ist besser,
doch wer fängt bei sich damit an?
(aus: L. Zenetti, Texte der Zuversicht, München 1976, 39[33])

---

[33]Mit freundlicher Genehmigung des Verfassers. Eine Sammlung von hervorragenden Texten liegt jetzt vor in:
L. Zenetti, Auf Seiner Spur. Texte gläubiger Zuversicht, Mainz 2000.

Aktuelle Fürbitten einfügen

Vaterunser

Lied (jetzt als Kanon): Herr, erwecke deine Kirche (in: Mein Kanonbuch, Nr. 182)
oder:
Lied: Erleuchte und bewege uns (EG 608)
oder:
Jugendchor: Ich bin bei euch alle Tage (in: Sein Ruhm – unsere Freude, Nr. 115)

Segen

Orgelnachspiel

Orgelvorspiel

Begrüßung

Lied: Morgenlicht leuchtet (EG 455)

Eingangswort

Psalm 92* (EG 740)
  Ehr sei dem Vater
Gebet
  Amen

Jugendchor: *Ein Morgen leuchtet hell ins Land*

Lesung: Matthäus 16,13-18
  Halleluja

Lied: Jesus hat seine Herrschaft bestellt (EG 610)

PRÄSENTATION:
1. Der »Ist-Zustand« unserer Kirche
    Jugendchor: *Solidarität*
2. Die Alternativen
3. Unsere Wünsche
    Kurzpredigt

Lied: *Komme zu uns als Erneurer*

CREDO

Kollektenansage

Lied: Strahlen brechen viele aus einem Licht (EG 268)

Gebet/Fürbitten

Vaterunser

Kanon: *Herr, erwecke deine Kirche*

Segen

Orgelnachspiel

Verwendete Liederbücher

Das Gute Land. Ein Liederbuch von Jugend mit einer Mission, Hurlach [2]1980.

Die besondere Note. Lieder für Jugendchöre, Chorausgabe, hg. von K. Heizmann, Musikverlag Klaus Gerth, Asslar 1990.

Die Freude wirft ihr Licht voraus. Advents- und Weihnachtslieder, Lieder zum Jahreswechsel für gemischten Chor, Kinderchor, Solostimmen, Duette, Klavier (Orgel) und Instrumente, hg. von K. Heizmann, Hänssler, Neuhausen-Stuttgart [2]1980.

33 Lieder für Kirchentage, Hamburg 1995.

Du bist Herr. Anbetungslieder, Projektion J, Hochheim [4]1989; Bd. 3: Projektion J, Wiesbaden 1995.

101 Favorite Gospel Songs, arr. by Jeff Guillen, Schenefeld 1993.

Er hört dein Gebet. Lieder für den Gottesdienst von M. Staiger und Chr. Zehendner, Felsenfest Musikverlag 1998.

Evangelisches Gesangbuch. Ausgabe für EKiR, EKvW und Lippische Landeskirche.

Evangelisches Kirchengesangbuch. Ausgabe für die Landeskirchen Rheinland, Westfalen und Lippe.

Gottesklang. Das kleine Liederbuch, Kirchentag Stuttgart, Kreuz Verlag 1999.

Hella Heizmann, Regenbogenzeit. 12 Lieder für Gesang und Klavier, Hänssler, Neuhausen-Stuttgart 1984.

Hört zu – Singt mit. 43 Lieder junger Christen, Hänssler, Neuhausen-Stuttgart 1988.

In Deiner Nähe. Ein Liederbuch von Jugend mit einer Mission, Hurlach 1983.

In-Takt. Songs, Lieder, Spirituals für Jugendchöre und Solisten, hg. von Jochen Rieger, Turmberg-Verlag, Musikverlag Klaus Gerth, Asslar 1987.

Jesus Christ – the life of the world. A hymn book, ÖRK Genf 1987.

Kehrt um und glaubt – erneuert die Welt. Lieder und Gebete, Erzbischöfliches Generalvikariat Köln, [4]1982.

Licht auf meinem Weg. Lieder von Lele und Detlev Jöcker zur Kindergottesdienst-Gesamttagung 1986, Menschenkinder Musikverlag, Münster 1986.

Lied des Lebens. Ein Liederbuch von Jugend mit einer Mission, Tübingen 1986.

Lieder für Kirchentage, Frankfurt 1987.

Lieder zum Kirchentag, Nürnberg 1979.

Lieder zum Leben. Das große Chorbuch für gemischte Chöre, hg. von K. Heizmann, Chorausgabe, Musikverlag Klaus Gerth, Asslar 1991.

Mein Kanonbuch, tvd-Verlag, 1986.

(ML 1) Mein Liederbuch für heute und morgen, tvd, Düsseldorf (o. Jahr).

(ML 2) Mein Liederbuch 2: Ökumene heute, tvd, Düsseldorf 1992.

Sagt es weiter ... was am Kreuz geschah. Zwölf neue geistliche Lieder zur Langspielplatte 99102, Die Christussänger, Hänssler, Neuhausen-Stuttgart 1976.

Salz und Licht 2. Lieder für Gemeinde und Chor, Felsenfest Musikverlag 1999.

Schritte. Neue Lieder für junge Christen, Hänssler, Neuhausen-Stuttgart 1991.

Sein Ruhm – unsere Freude. Notenausgabe, Krelingen 1982.

Singt das Lied der Lieder. Lieder für Jugendchöre, Chorbuch, hg. von K. Heizmann, Hänssler, Neuhausen-Stuttgart [4]1983.

Singt das Lied der Lieder. Lieder für Jugendchöre, Chorbuch, Bd. II, hg. von K. Heizmann, Hänssler, Neuhausen-Stuttgart [2]1987.

Singt das Lied der Lieder. Lieder für Jugendchöre, Chorbuch, Bd. III, hg. von J. Nitsch und P. Sandwall, Hänssler, Neuhausen-Stuttgart 1991.

Singt und dankt. Lieder und Gebete, Beiheft '84 zum Evangelischen Kirchengesangbuch, Bärenreiter-Verlag, Kassel 1984.

Singt von Jesus, Born-Verlag, Kassel [3]1985.

Singt von Jesus 2. Notenausgabe, Born-Verlag, Kassel [2]1990.

Songs junger Christen, Hänssler, Neuhausen-Stuttgart, Bd. 2, 1977; Bd. 3, 1988.

Starke Wurzeln, gute Früchte. Lieder und Texte von Jörg Swoboda und Theo Lehmann, Oncken Verlag, Wuppertal-Kassel 1988.

Tausend mal tausend Lieder dir zum Lob. Pfingstlieder aus aller Welt, Noten und Texte, Materialstelle für Gottesdienst, Georg-Stefan-Straße 54, 90453 Nürnberg, 1993.

Umkehr zum Leben. Kirchentagsliederheft 83, Hänssler, Neuhausen-Stuttgart 1983.

Unser Kinderliederbuch, Oncken Verlag, Wuppertal-Kassel [3]1987.

Unterwegs. Lieder und Gebete, Deutsches Liturgisches Institut, Postfach 2628, 54216 Trier, [2]1998.

Wir loben Dich, Heft 4, Die bunte Liederreihe hg. von R. Frey, Hänssler, Neuhausen-Stuttgart (o. Jahr).

Wir singen vor Freude. Lieder für drinnen und draußen, Amt für Jugendarbeit der EKiR, Düsseldorf (o. Jahr).

Herz in der Hand. Hoffnungslieder von M. Buchholz, M. Moro, E. Rink, Felsenfest Musikverlag 1998.

Gebets- und Textsammlungen

Abendschön, Wolfgang, Un-erhörte Gebete, Gütersloh 1999.

Abendschön, Wolfgang, Salto vitale, Gütersloh 1996.

Ahrens, M. u.a. (Hg.), Mensch, Gott! Das neue Gottesdienstbuch. Gebete, Lesungen und Lieder für die Sonn- und Feiertage des Kirchenjahres, Gütersloh 1997.

Burba, Klaus (Hg.), Ich möchte beten – aber wie? Gebetbuch für junge Menschen, Aussaat Verlag, Neukirchen-Vluyn [3]1988.

Brinkel, W., und Hilgendiek, H. (Hg.), Neue Eingangs- und Fürbittengebete für die Sonn- und Feiertage des Kirchenjahres, Gütersloh 1994.

Klein, Christian (Hg.), Frühlingsanfang jeden Tag. Kurze Texte aus dem Glauben gegriffen, Aussaat Verlag, Neukirchen-Vluyn 1999.

Riediger, Günter, Wo ist Gott in meinem Leben? Ein Buch für junge Menschen, Gütersloh 1987.

Rost, Dietmar / Machalke, Joseph, Vieles müsste anders sein. Gebete für junge Menschen, Gütersloh 1986.

Seitz, Manfred, und Thiele, Friedrich (Hg.), Wir beten. Gebete für Menschen von heute, Aussaat Verlag, Neukirchen-Vluyn 1992.

Zenetti, Lothar, Texte der Zuversicht. Für den einzelnen und die Gemeinde, München [3]1976.

Zink, Jörg, Wie wir beten können, Stuttgart-Berlin 1970.

Bildnachweis

Seiten 14 und 16: Dietrich Sattler, »Der Adventskranz und seine Geschichte«, © Agentur des Rauhen Hauses, Hamburg 1997.

Seiten 7 und 94: Werner »Tiki« Küstenmacher, Claudius Verlag München.

Seiten 21 und 26: Eberhard Röhm/Jörg Thierfelder, Die evangelische Kirche zwischen Kreuz und Hakenkreuz. Bilder und Texte einer Ausstellung, Stuttgart [2]1982.

Seite 27: Renate Wind, Dem Rad in die Speichen fallen. Die Lebensgeschichte des Dietrich Bonhoeffer, Weinheim-Basel [9]1995.

WEITERE TITEL VON VOLKER A. LEHNERT:

EHE der Zoff uns scheidet

Was Sie tun können, bevor Sie was tun müssen
(zusammen mit Felicitas A. Lehnert)
Taschenbuch, 96 Seiten, Best.-Nr. 155 124
Aussaat Verlag

In zwölf Schritten zeigen die Autoren Wege zur Kunst der Ehe. Stereotype Beziehungsfehler und geheime Zusammenhänge zwischen Kommunikation und Erotik werden ebenso dargestellt wie die typischen Unterschiede zwischen Mann und Frau oder der Wert des Glaubens für die Liebe.

EHE wir uns verlieren

Wenn Paare Eltern werden
(zusammen mit Felicitas A. Lehnert)
Taschenbuch, 96 Seiten, Best.-Nr. 155 185
Aussaat Verlag

Wenn Paare Eltern werden, ändert sich vieles: Wird die »Geliebte« zur Mutter, gerät das Kind leicht in Konkurrenz zu dem »Kind im Manne«. Wird der »Geliebte« nicht zum Vater, verliert er schnell die Frau in der Mutter seines Kindes... Was beide tun können, um sich und ihre Beziehung nicht zu verlieren, verraten Felicitas und Volker Lehnert in ihrem neuen Buch.

Die Provokation Israels
Die paradoxe Funktion von Jes 6,9-10 bei Markus und Lukas
Ein textpragmatischer Versuch im Kontext gegenwärtiger Rezeptionsästhetik und Lesetheorie
Paperback, 338 Seiten, Best.-Nr. 17 44
Neukirchener Verlag